Fées, Elfes, Dragons, Nains, Lutins, Merlin...: Mes Sages

MESSAGES DE GUERISON AVEC LES ÊTRES DE LA NATURE

MESSAGES DE GUERISON AVEC LES ÊTRES DE LA NATURE

Muriel Tissaïa

© 2022 Muriel Tissaïa

Édition : BoD – Books on Demand, info@bod.fr
Impression : BoD – Books on Demand, In de Tarpen 42, Norderstedt (Allemagne)

Impression à la demande

Illustration : Muriel Tissaïa

ISBN : 978-2-3224-5665-9
Dépôt légal : Octobre 2022

Table des matières

Introduction : Messages de guérisons avec les Êtres de la Nature 9

Chapitre 1: Rencontre avec le peuple des nains 14

Chapitre 2: Rencontre avec nos amis les Lutins 45

Chapitre 3 : Rencontre avec nos amis les Elfes 73

Chapitre 4 : Rencontre avec nos amies les Fées 94

Chapitre 5 : Rencontre avec le Peuple de l'eau 115

Chapitre 6 : Rencontre avec le peuple des Dragons 132

Chapitre 7 : Rencontre avec le peuple des Gnomes 144

Chapitre 9 : Rencontre avec Le Dieu PAN 171

Chapitre 10: Guérison avec les Êtres de la Nature 183

Chapitre 11: Rencontre avec le peuple des Vouivres 213

Chapitre 12 : Les animaux et les Êtres de la Nature 223

Chapitre 13: Rencontre avec le peuple des Licornes 238

Chapitre 14: Rencontre avec Le Phoenix 254

Chapitre 15 : Rencontre avec le peuple des Salamandres 265

Méditations du Cercle des Fées : 277

Conclusion : 299

Remerciements : Messages de guérisons avec les Êtres de la Nature 301

Introduction : Messages de guérisons avec les Êtres de la Nature

Les Êtres de la Nature ouvrent un «espace» commun avec notre dimension afin de pouvoir communiquer et nous enseigner leurs savoirs !

Ces pages sont la canalisation de messages des Êtres de la Nature et autres Maîtres. Par ces messages, ils nous donnent les «clés» pour progresser sur notre chemin, ils nous expliquent comment entrer en communication avec eux, en quoi ils peuvent nous aider à évoluer.

Le voile qui nous sépare est de plus en plus fin, il est donc plus facile de se rencontrer aujourd'hui qu'il y a quelques années ; cela prouve que notre monde s'éveille, que de nombreuses personnes ouvrent leur cœur et leur esprit à ce monde invisible qui nous entoure.

Notre Planète Terre s'élève, ascensionne, les Êtres de la Nature nous aident à mieux situer le chemin à suivre pour notre développement tant personnel qu'humanitaire.

Au cours de l'écriture de ce livre, j'ai reçu de nombreux cadeaux à partager avec vous.

Les peuples des Nains, des Lutins, des Fées, des Elfes… sont venus, mais également se sont invités Merlin, Pan, les Licornes et bien d'autres encore pour enrichir ces pages de leurs messages !

Pour moi, tout a commencé il y a une bonne dizaine d'années, lors de rencontres tant magnifiques que magiques avec les Êtres de la Nature; ce fut pour moi l'ouverture à ce monde proche de nous.

Au début, je n'en croyais pas mes «oreilles», je les entendais, je ne voyais personne avec mes yeux d'humaine, jusqu'à ce que mon cœur d'enfant s'ouvre, jusqu'à l'émerveillement !

Puis, j'ai accepté que ce monde magique, ce monde intangible fasse partie de ma vie.

Et bien sûr, je ne regrette pas, tant ils me font partager de merveilleuses aventures, des voyages extraordinaires… et surtout, ils m'aident à grandir spirituellement.

Je communiquais déjà avec le monde visible : les animaux, les arbres, les plantes, les pierres et les rochers, mais passer de l'autre côté, dans cette autre dimension est autre chose, tout un chemin !

Depuis, ces Êtres m'ont initiée au monde de l'illimité, dès lors où l'acceptation et l'évidence de nos rencontres sont devenues «naturelles» pour moi.

Beaucoup de jeunes enfants communiquent avec eux, certains même les voient, ce sont leurs amis «imaginaires» ; en « réouvrant » notre âme d'enfant, nous pouvons également les approcher.

A présent, je suis devenue «canal» de nombre d'entre eux afin de partager leurs existences et leurs connaissances avec vous, et que vous puissiez à votre tour communiquer avec eux.

La communication actuelle est bien sûr télépathique, mais chacun d'entre nous peut y arriver en y croyant et avec de l'entraînement.

J'avoue qu'il m'a fallu un certain temps pour que ce projet voit le jour.

Tout a commencé un jour par le «cercle des Fées», d'où le nom que j'ai reçu : Tissaïa (celle qui tisse les liens entre les mondes). C'est pourquoi dans ce livre, au cours des dialogues, certains me nomment Muriel et d'autres Tissaïa.

La mission qui m'est attribuée aujourd'hui est de les faire connaître aux yeux de tous, qu'un plus grand nombre d'entre nous puissent échanger avec eux, reconnaître le travail envers nous Êtres Humains et envers notre Mère à tous la Terre, partager une amitié sincère avec un grand A, comme Amour.

Sans eux, les saisons, les végétaux, les arbres, l'eau n'existeraient certainement plus.

A une époque ancienne, nos ancêtres les choyaient, ils connaissaient l'importance de ces êtres dans leurs vies, communiquaient pour les cultures certes, mais aussi pour leurs guérisons.

Plus tard, dans certains pays dont le nôtre, il a fallu arrêter cette coopération sous peine d'être emprisonnés, brûlés, pendus voire empoisonnés !

De leur côté, les Êtres de la Nature ont dû stopper leurs relations avec nous, ils étaient trop mal-traités, avilis et plus du tout respectés par le peuple des Humains, la sauvagerie et la peur qui s'en sont suivies ont anéanti l'importance de cette collaboration! L'Homme a dû les oublier très vite !

D'autres pays, dont l'Islande, n'ont pas cessé de communiquer avec eux, ils travaillent encore main dans la main pour l'équilibre de Gaïa et de ses habitants.

En France, ils ont été relégués au rang de légende, ce qui a permis de ne pas totalement les oublier.

Aujourd'hui, grâce à l'éveil d'un grand nombre d'entre nous, ils sont prêts à reprendre contact avec nous, à faire partie de nos vies pour notre plus grand secours, ils veulent à nouveau nous accorder leur confiance, nous avons la chance de participer à un «nouveau» départ pour le bien de Tous les Peuples et celui de notre Terre.

Ce livre s'adresse directement à votre cœur pour l'aider à s'ouvrir en communion avec les Êtres de la Nature afin qu'une graine soit semée et germe en chacun de nous, telle une plante illimitée vers les cieux, que ce livre vous donne envie de partir à leur rencontre et d'approfondir vos relations !

N'hésitez pas à faire des pauses, à vous laisser entraîner dans leurs mondes, ressentez au fond de vous les vibrations de chaque peuple, laissez votre imaginaire vous emmener vers de nouvelles rencontres, d'autres lieux...

Ces peuples ont tant de messages pour nous, ils nous accompagnent dans notre évolution, ils nous ouvrent l'esprit, cultivent l'Amour, sont proches de nous, ils nous aident à faire grandir notre Lumière intérieure, ce sont de véritables guérisseurs...

Ils nous tendent la main, à nous de la saisir !

Je vous souhaite un beau voyage à travers ces pages et illustrations !

Chapitre 1 : Rencontre avec le peuple des nains

En ce jour de juin, l'appel du peuple des Nains de Feneyrols (82) m'a fait leur rendre visite.

Selon eux, ma mission de transmettre la connaissance, la reconnaissance des Êtres de la Nature est trop lente !

Comme vous le voyez, je commence par me faire « houspiller » malgré les offrandes apportées.

Nous reparlerons de ces dernières ultérieurement.

Effectivement, notre rencontre remonte à une année pour nous, mais 4 saisons pour eux qui n'ont pas notre calendrier.

Je les ai rencontrés pour la première fois, il y a deux ans !

Ils estiment que toutes mes conditions matérielles en tant qu'Humaine sont réunies et que je peux me mettre à l'œuvre.

Ils ont assez patienté !

Je laisse la parole à leur chef : Languth (celui qui a la langue bien pendue !)

Je tiens tout d'abord à vous faire savoir que nous comprenons votre langage et pouvons adapter le nôtre afin que vous nous compreniez.

Il en sera ainsi pour ce livre, afin qu'il soit compris de vous tous.

Entre nous, nous utilisons un autre mode de communication qui nous permet d'être transparents à tous, quelles que soient nos pensées.

Comme tu peux t'en apercevoir, nous vivons dans un jardin et sommes entourés d'autres êtres comme nous.

L'eau, l'air, les arbres, les herbes, le ciel, la terre et l'intra-terre nous offrent notre abri.

Nous œuvrons tous ensemble, un peu à l'écart des humains afin de maintenir l'ordre des choses.

Ne crois pas que nous fassions à notre guise, nous respectons les ordres du plus Haut.

(Je te l'expliquerai plus tard).

Aujourd'hui, les peuples de la nature et moi souhaiterions savoir si tu prêtes serment de nous aider, de nous montrer, et d'expliquer à tes semblables qui nous sommes.

En gros: veux-tu bien nous servir d'intermédiaire?

Muriel :

Oui, je le veux – sans connaître vraiment la portée de mon engagement !

Je ressens juste que cette aventure dans leur monde sera passionnante.

Je suis très honorée par cette invitation, même si je pressens au fond de moi que ce ne sera pas de tout repos !

Je stoppe là mes états d'âme, car je ressens et entends l'impatience de Languth qui monte.

Languth :

Maintenant que tu es revenue à mon écoute, quelques règles de base à notre communication:

Leçon 1 : te taire : faire taire ta tête ! Ouvre-nous juste ton cœur et tes sens, tu vas tout comprendre.

Leçon 2 : ne pose aucune question jusqu'à ce que je t'y autorise, nous verrons cela plus tard !

Leçon 3 : comme tu ne peux nous voir que rarement, car nous changeons souvent d'aspect et de texture afin de rester invisible aux humains - sauf exception, car vous n'êtes pas encore prêts -, nous enverrons des images et nous ferons des pauses afin que tu puisses nous dessiner et même nous photographier.

Leçon 4 : Ne déforme jamais mes propos, livre les tels qu'ils te sont transmis.

Leçon 5 : Garde toujours confiance et courage quoi qu'il arrive.

Leçon 6 : Nous sommes ravis de recevoir des dons et t'en remercions.

Bien, maintenant que tout est clair, nous pouvons commencer.

D'abord, mille mercis d'être là.

Malgré mon ton « bourru » nous apprécions ta présence - je sais que tu ne t'en « formalises » pas et que tu as plutôt tendance à en sourire !

Nous avions besoin de te voir à nouveau afin de te « jauger » et d'être sûrs que tu es toujours la bonne personne pour ce travail.

Après un conciliabule entre nous, la majorité est d'accord sur ce point.

Tu peux nous être utile, nous aider à faire, à recréer le lien entre nos deux mondes.

Sais-tu qu'avant, il y a plusieurs générations d'arbres, nous étions en contact.

C'est à dire que chaque peuple demandait son avis à l'autre, avant de faire quoique ce soit qui concernait la Nature.

La nature est notre maison mais c'est aussi la vôtre.

Vous oubliez trop souvent de la respecter, de communiquer avec elle, ensuite vous vous étonnez que rien n'aille plus, que le monde tourne à l'envers !

Cette posture nous donne un surplus de travail pour maintenir l'équilibre, ou un semblant d'équilibre, en fonction des « fautes » commises par vos semblables.

Enfin, tout cela vous le savez, je suis très heureux de te dire que votre conscience s'élève.

Maintenant il est temps d'agir, de bouger pour que nos peuples à nouveau s'entendent et travaillent ensemble.

La première chose pour nous rencontrer est de montrer « patte blanche », je devrais dire « cœur blanc » !

Je m'explique : par la limpidité de vos sentiments, la confiance entre nous.

Nous avons un super pouvoir : nous lisons en vous, savons qui vous êtes, connaissons la profondeur de vos sentiments, de vos âmes.

Ne le prenez pas mal, vous êtes plus facile à lire qu'un livre, même pour nos enfants.

Comment nous rencontrer:

Posez vous dans un coin de nature, sentez le vent, la pluie, le soleil sur vous, respirez à travers les feuilles, l'eau, les rayons solaires et lunaires.

Devenez vous aussi, un arbre, un brin d'herbe, une fleur…

Et là : magie !

Bienvenue dans notre monde et le vôtre aussi !

Nous l'appellerons notre « Monde commun »

Nous ne souhaitons, ni ne pouvons, aller partout dans votre monde car il est souvent trop bruyant et trop sale ; il salit notre « aura » et ensuite nous ne sommes plus nous-mêmes, ni en état de travailler pour la nature.

Nous tombons malades et cela est très désagréable et dommageable.

Alors, nous avons trouvé la solution : de préférence c'est vous qui viendrez à nous, cependant nous pouvons nous déplacer lorsque votre lieu de vie est accueillant pour nous, et que vous nous y faites une place.

Et plus tard, lorsque vous connaîtrez nos « codes », nous pourrons à nouveau venir chez vous et vivre ensemble.

Le peuple entier des Êtres de la Nature crie « hourra ! hourra !»

Ce jour n'est pas encore venu, mais il approche à grands pas.

Je nous et vous félicite d'être de plus en plus nombreux à vous éveiller.

Je te laisse cet instant de plaisir d'être unie à nous !

Reprenons :

Tu le sais, si tu te lies à un rocher, tu deviens le rocher, à un arbre, tu deviens l'arbre, à une plante idem…

Ici, nous entendons le bruit de vos « véhicules » : normal, vous ne savez pas encore vous déplacer autrement !

On vous pardonne, le temps viendra où vous n'en aurez plus besoin, tout comme nous.

Il nous suffit de « penser » au lieu que nous souhaitons rejoindre et hop nous y voilà !

C'est pratique, utile et rapide, bref efficace !

La preuve, nous sommes venus te chercher chez toi pour que tu nous rejoignes.

Et toi, fais pareil, tu verras c'est magique !

Vous ne pouvez pas encore vous déplacer avec votre corps, trop lourd dans la matière.

Certains grands maîtres de chez vous y sont parvenus, mais cela demande de se libérer, de savoir transformer certaines molécules de votre corps à volonté.

Pour cela, il faut y croire, tester, essayer jusqu'à y arriver.

Vous le faites déjà pendant votre sommeil, vous réussissez car vous ne contrôlez rien, c'est une des clés…

Vouloir, sans vouloir, ne pas vouloir tout comprendre, tout contrôler : avoir confiance et être dans le cœur !

Voici la recette.

Tu n'auras même plus besoin de te déplacer dans ton enveloppe, ton corps.

Tu m'appelles, je viens, je t'appelle, tu viens : c'est aussi simple que cela !

Pas besoin de tergiverser des heures, de se préparer…

Quelquefois, c'est nécessaire, mais pas tout le temps !

On économise du temps, de l'énergie et pour vous, du bruit, de la pollution : émission de particules visibles ou non visibles qui rendent malade tout le monde !

Et, quand je dis tout le monde, c'est tout le monde avec un grand M.

Une petite pause s'impose:

Pendant la pause, Languth me « charrie » sur mes prénoms.

Au début, il m'appelait « ma petite dame », je n'aimais pas du tout et lui en ai fait part plusieurs fois, lui expliquant mon aversion pour cette appellation.

Alors maintenant, il m'appelle Muriel -Tissaïa Marie Jeanne!

Comment connaît-il tous mes prénoms?

Mais bien sûr, c'est un Nain, donc un être doué de sens qu'il nous reste à développer en tant qu'Humain afin d'arriver à leur « hauteur » !

Hauteur, sans jeu de mots !

Maintenant, Languth est parti, il n'a pas aimé ce que je vous ai raconté.

Lui a le droit de me taquiner mais pas moi ?

Pas d'accord !

C'est tout le monde ou personne.

C'est ma première règle.

Va t-il accepter ?

Oui, finalement, il accepte.

Chacun nomme l'autre par son prénom : L pour lui et MTMJ pour moi.

C'est chose réglée, nous sommes amis.

Après cette petite controverse, L reprend :

Vois-tu très chère amie, nous avons beaucoup de différends entre nous, il nous suffit de les mettre à plat, de trouver un accord, et tout va pour le mieux pour tous, chacun respectant l'autre.

Seriez-vous capable, vous humains, de faire de même entre vous ?

Nous ne sommes pas toujours d'accord au sein de notre communauté, ni même avec les autres communautés.

Alors, nous nous réunissons et échangeons nos points de vue, jusqu'au compromis qui convienne à tous.

Quelquefois, il faut de nombreuses réunions et plusieurs saisons pour y parvenir.

Mais nous y arrivons toujours et la paix est maintenue entre nous.

Nous nous unissons pour aider Mère Nature et tous ceux qui habitent ici.

Il n'y a jamais d'intérêt personnel sur les sujets essentiels.

Dans notre monde, nous avons tous un toit et de la nourriture.

Nous respectons nos voisins et ils nous respectent.

Lorsqu'une communauté doit se déplacer, car son lieu a été « saccagé » ou même détruit, chacun de nous se met à la recherche d'un nouvel endroit afin que cette communauté, cette famille s'épanouisse et puisse continuer son travail.

C'est toujours simple chez nous !

Lorsque sera venu le moment des questions, tu verras que nous sommes « incollables » sur ce qui concerne la nature et le bien-vivre.

Tout le reste ne nous concerne pas, mais sache qu'à chaque problème utile à régler, il y a une solution.

Vous, vous êtes champions pour créer des problèmes auxquels personne, je dis bien personne, n'aurait pensé.

Vous êtes les champions !

En conséquence de quoi, les problèmes tournent dans vos têtes et vous devenez « sourd du cœur » !

Vous ne nous entendez plus, vous ne percevez plus ce que la Nature a à vous dire !

Je souhaite préciser que le mot Nature est votre mot : Nature-Naturel !

Nous, nous n'avons pas de mot pour la qualifier car nous sommes la Nature, nous faisons totalement partie d'elle, toujours, en tous lieux.

Mais, gardons ce mot, ce sera plus facile pour nous comprendre.

Voilà pour aujourd'hui, je crois que c'est bien !

Je te remercie d'être venue à nous, la prochaine fois, c'est nous qui viendrons pour continuer notre conversation.

MTMJ :

Je te remercie également pour ton accueil.

Aujourd'hui, j'ai invité Languth et sa famille chez moi.

Ils apprécient et s'étonnent de ma façon de vivre !

Ils restent timides et n'osent pénétrer sous la terrasse couverte, et encore moins dans la maison !

C'est sûrement une question de temps et de confiance.

Ils font comme bon leur semble, ils savent qu'ils sont les bienvenus !

Pour eux, le jardin est trop entretenu, ils n'ont pas encore créé leur espace pour observer et se sentir chez eux.

Je les entends tourner, faire des commentaires, essayer de comprendre ce qu'il se passe ici.

Je ressens leur peur d'être « enfermés » dans un endroit clos, de ne plus être capables de ressortir. Je comprends que si leurs énergies baissent, ils ne seront plus en mesure de se déplacer selon leur bon vouloir. Ils vont se heurter à la matière, tout comme nous.

Je leur assure qu'ils sont libres d'aller et venir, de rester, de partir, de revenir…

Bien sûr, je conçois qu'il faut leur laisser le temps de s'adapter !

Nos valeurs et nos critères de « beauté » sont totalement différents, c'est, entre autres, ce qui fait la différence entre nos « mondes ». Je les perçois très curieux et courageux.

Dans le jardin, il y a en décoration une vieille barrique à vin où vivent des plantes, elle est adossée à un ancien four à pain de 1772, ils s'y réfugient et semblent pour l'instant s'y sentir en sécurité.

Je pense qu'ils ne vont pas tarder à se rapprocher de la maison et y prendre leurs aises.

Quel bonheur de les savoir là ! C'est le début d'un bel échange…

Cela fait presque un mois que je n'ai pas écrit avec les Êtres de la Nature, pourtant ils sont revenus chez moi.

A leur première visite, ils n'osaient pas s'approcher de la maison : cela n'a pas duré !

Un soir alors que j'étais dans ma chambre, il était tard, la nuit était tombée depuis longtemps, il faisait chaud et les fenêtres étaient ouvertes pour laisser entrer un peu de fraîcheur.

Soudain, j'ai entendu des déplacements accompagnés d'un bruit que je ne connaissais pas. Comme un tourbillon ou plutôt plusieurs tourbillons qui se déplaçaient à toute vitesse dans la maison et dans des directions contradictoires.

Je ne l'ai pas perçu comme inquiétant, je ne ressentais pas de danger mais de la curiosité.

Je m'assis sur mon lit et aperçus des êtres non physiques, mais constitués d'énergie, qui se déplacent rapidement, très rapidement même !

Puis je reconnus leurs voix et leurs rires.

Vous l'avez compris, c'était Languth et sa famille, ou sa tribu comme il aime la nommer.

Tous faisaient de grandes glissades dans le couloir et tels des éclairs, dévalaient et remontaient l'escalier en bois qui s'est mis à crisser et craquer sous les trombes d'énergies déplacées.

Ils savaient que j'étais là, mais n'ont fait aucun cas de moi, ni de l'heure tardive qu'il était !

Tous faisaient leurs expériences dans ma maison, qu'ils n'avaient encore jamais « visitée », ils paraissaient étonnamment à l'aise. Puis, je finis par m'endormir, ils étaient partis à mon réveil !

Depuis, je les ai dessinés comme je les ai vus, mais je ne suis plus entrée en communication avec eux : chacun ayant sûrement autre chose à faire. Le fait est aussi, qu'un temps de pause est souvent nécessaire pour prendre du recul et s'imprégner de ce qui vient de se passer.

Languth arrive,

Je lui laisse la place :

Hé, bonjour Muriel Tissaïa Marie Jeanne,

C'est un peu long, mais c'est ton nom !

On va bientôt le modifier mais pour l'instant c'est trop tôt, tu as besoin des énergies et des connaissances de chacun de ces prénoms.

Je suis très heureux que nous travaillons à nouveau ensemble et que mes amis des autres règnes te gratifient de leur présence.

Précisément nous souhaitons être avec toi et te former à des soins de guérisons avec nous.

Depuis quelque temps les fées t'accompagnent déjà et certaines personnes, lors de tes soins énergétiques, les ont ressenties.

Aujourd'hui nous étendons nos connaissances pour vous servir car suffisamment de personnes de ton peuple sont prêtes à recevoir ces informations.

Comme nous le disons : c'est maintenant le moment !

Pour revenir à notre visite dans ta maison, il est vrai que nous nous sommes bien amusés, mais pas seulement ! Les tourbillons d'énergies, comme tu les as nommés avec ton « petit » vocabulaire d'humaine, ont également servi à réveiller ta conscience et à raviver les mémoires que tu portes.

Il y a très longtemps (dans ton espace temps), nous avons partagé énormément de moments. C'est pourquoi nous t'avons choisie comme notre porte-parole et amie dans ce siècle !

Nous avons encore beaucoup de choses à accomplir ensemble !

Bon, assez de sentiments, ne nous attardons pas.

Nous allons poursuivre notre enseignement à ton encontre, afin que tu partages avec les tiens, que tous connaissent et se souviennent de notre existence, reconnaissant le travail que nous faisons pour tous, vous compris.

Un point essentiel est l'équilibre de la Nature, Mère Nature comme vous aimez l'appeler.

Je vais passer pour un « bougon » mais nous n'avons pas la même notion du respect.

Nous autres le peuple de la Terre, ainsi que les autres peuples, nous faisons grandir, honorons et aimons celui ou celle que l'on respecte, et cela, même dans les moments difficiles comme ceux que nous traversons en ce moment avec le déchaînement de l'eau, du soleil, du vent...

Chacune de vos pensées, chacune de vos actions doit être aimante pour l'autre, non pour vous.

Demandez avant d'agir, nous vous indiquerons le mieux pour notre terre, nos arbres, nos fleurs, nos légumes, nos animaux, notre eau, notre ciel…

Chacun de nous a besoin de respirer un bon air pour bien respirer, a besoin de manger une bonne nourriture pour être bien nourri et en forme, a besoin de boire une bonne eau pour vivre…

Comme certains de vous le savent, ce n'est pas la quantité de nourriture qui compte, (la culture intensive entraînant l'appauvrissement des sols) mais la qualité de nos aliments, incluant une qualité de l'eau irréprochable.

Vous êtes l'eau que vous buvez, les légumes, les fruits, les animaux que vous mangez.

Prenez tous conscience qu'il est temps de l'intégrer, et surtout de le vivre.

Nous mêmes avons de plus en plus de mal à nous nourrir et à ingérer des aliments qui ne baissent pas nos énergies, notre taux vibratoire.

Nous travaillons beaucoup pour qu'il puisse rester des lieux sur lesquels nous pouvons compter afin de vivre en osmose avec la terre et le ciel.

Certains d'entre vous se demandent comment nous nous nourrissons ?

C'est très simple, nous vivons dans un monde où les énergies sont sur des fréquences vibratoirement plus « hautes » que les vôtres, c'est pourquoi en restant chacun dans nos vibrations, nous ne pouvons pas nous rencontrer, ni nous voir, ni communiquer.

Pour notre nourriture, nous absorbons seulement les énergies de l'aliment.

Plus elles sont élevées, plus nous nous portons bien et plus notre capacité de travail est importante.

Pour vous c'est pareil, si vous croquez dans un fruit, il sera meilleur pour votre organisme s'il est haut en énergie que s'il est de mauvaise qualité et donc bas en énergie.

C'est pour tout pareil !

Idéalement, pour extraire le meilleur de chaque aliment, il faudrait lui demander s'il est prêt à être consommé. Ainsi, vous n'auriez plus de mauvaises surprises et vos récoltes seraient abondantes.

Ce n'est pas le sujet du jour, mais rappelez vous que tout est vivant, que tout est habité par la vie (énergie) et que le respect de chaque vie est important.

C'est l'accord du Tout, une des lois Universelles !

Vous connaissez sûrement cette phrase :

Ne fais pas à autrui, ce que tu ne souhaiterais pas que l'on te fasse !

Vous voyez, à force de vivre à vos côtés depuis toujours, nous connaissons bien vos paroles et vos pensées.

Parmi les humains, des êtres grands et « illuminés » ont écrit de belles choses, de belles pensées qu'il serait bon d'appliquer pour que notre Terre se porte bien.

Enfin, nous ne referons pas le monde, il faut l'accepter tel qu'il est aujourd'hui.

Si tu veux bien, je vais te dire en quoi consiste notre travail aujourd'hui :

Nous, ceux que vous appelez les Nains, nous appartenons au peuple de la Terre, ce qui signifie que notre travail est de la protéger : au dessus et en dessous, jusqu'à un certain niveau.

Nos habitats s'y trouvent bien sûr, mais nous souhaiterions avoir plus d'espaces pour nous établir.

Nous avons la capacité de changer de forme et de taille, ce qui nous permet de nous glisser presque partout et d'effectuer notre travail aussi bien sur les racines des arbres, sur les minéraux dans le sol, dans l'équilibre des forêts.

Le travail de notre tribu se situe essentiellement au niveau des arbres, au niveau de la connexion entre l'intra-terre et le cosmos.

Nous travaillons également sur la direction des cristaux dans le sous-sol de la Terre.

Nous avons grandement conscience d'être un lien, un ensemble du puzzle et d'appartenir au tout.

Depuis quelque temps, nous avons aussi comme mission de nous relier à votre peuple et de vous reconnecter à l'essentiel de la nature.

Languth :

Ah, te revoilà !

Nous avons cru que tu nous abandonnais, trop occupée à ta vie d'humaine, toujours quelque chose à faire... tu es partie.

Je savais que tu avais rencontré une autre famille de Nains, qu'ils t'avaient fait l'honneur de t'inviter.

Sache que nous n'invitons pas n'importe qui et que c'est un honneur de pouvoir pénétrer chez nous.

Lorsque nous ne souhaitons pas entrer en contact avec vous, nous sommes invisibles pour vous.

Mais à présent, partout sur la Terre nous voyons que nos relations s'intensifient, les contacts entre nos peuples sont de plus en plus nombreux et nous en sommes très heureux.

Nous avons déjà fait du bon « boulot » ensemble, c'est parfait que notre alliance reprenne.

Bon, sinon, où en étions-nous avant ton départ ?

La relation : je voudrais t'entretenir sur nos relations, nos « amitiés » avec vous.

Il faut bien se connaître pour être vraiment « amis », en confiance, comme avec les nôtres.

Nous vous connaissons bien, nous passons du temps à vous observer, vous écouter, voir comment vous vivez.

Déjà, il faut savoir que nous ne parlons pas avec n'importe qui !

Nous voyons votre « cœur », ce qu'il y a à l'intérieur de vous.

Nous voyons des couleurs, des fréquences qui nous parlent de vous, de qui vous êtes vraiment.

Nous savons comment vous allez, ce que vous pensez et si nous pouvons vous faire confiance.

Avant de nous faire remarquer par vous, nous nous réunissons car il faut que tous les « habitants » de notre demeure soient d'accord pour nous autoriser à vous parler.

Nous restons encore sur nos gardes avant d'entrer en relation avec vous.

Nous avons connu bien des déboires, votre peuple ne croyait plus en nous, ce qui a induit un épisode dramatique pour nous tous et la Nature.

A une époque, vous nous écoutiez et nous travaillions ensemble pour notre Terre, les arbres, les minéraux, l'eau…

Lorsque nous avons été séparés et relégués au rang de légende, notre fusion a pris fin pour le plus grand malheur de tous. C'est alors que nous avons assisté impuissants à la dégradation de la Terre et par conséquence à la nôtre et à la vôtre !

Heureusement, la roue tourne et à nouveau nos peuples se rapprochent.

Il est encore difficile d'accorder notre confiance à tous et nous devons rester vigilants car nous finirions comme des « rats de laboratoire ».

Il faudra encore beaucoup de temps pour que tout revienne comme avant, nous gardons l'espoir et souhaitons de tout cœur que notre alliance revienne.

Nous pouvons vous donner des conseils sur les jardins, les plantations, l'entretien de la Terre, l'eau… Nous pouvons également participer à vos guérisons avec votre accord et lorsque vous nous le demandez de tout votre Amour, avec votre cœur.

Nous souhaiterions vous entendre plus souvent nous interpeller pour nous demander conseil.

Nous pouvons vous répondre sur une multitude de sujets.

Pour cela, il vous suffit de croire en nous, de reconnaître notre existence.

Tout se fait à partir de votre centre, de votre cœur, de votre Lumière.

Redevenez aussi spontané qu'un enfant, vous pourrez nous sentir, nous entendre et pour certains, nous voir.

Bien sûr, différemment de votre monde car nous ne sommes pas constitués de la même énergie.

Sans vous vexer, nous sommes moins lourds, moins denses que vous.

Mais nous pouvons nous rejoindre en faisant chacun des efforts.

Je vous propose ce jeu :

Allez dans un coin de nature « propre » : sans ordures, pesticides, polluants, loin de toute habitation humaine. Vous voyez bien de quel lieu je parle.

Sentez-vous bien dans ce lieu, respirez bien, ne pensez à rien - pas facile pour tous !

Appelez nous à l'intérieur de vous avec votre Amour et spontanéité d'enfant - vos enfants n'ont aucun problème à voir : nous sommes parfois leurs amis mystérieux. -

Nous sommes curieux de vous rencontrer et nous nous rapprocherons timidement de vous.

Dés que vous reprendrez le cours de vos pensées, nous repartirons car vous nous faites peur.

Nous entendons dans ce cas plein d'informations qui nous brouillent et nous embrouillent, aussitôt nous devenons tout gris.

Pour nous protéger, nous devons fuir.

Si vous venez souvent nous voir, nous deviendrons amis, nous vous inviterons chez nous et nous pourrons peut-être venir chez vous.

Paradoxalement, nous ne vivons pas dans le même monde et pourtant nous sommes si proches !

Par exemple, pensez à nous très fort : imaginez nous si vous voulez... mais pas trop moches !

Quelquefois vous nous représentez pas terrible !

Sachez que nous pouvons modifier notre « look » -selon votre expression- et nous pouvons choisir d'apparaître vêtus de maintes façons différentes. Ceci dit, ce n'est pas essentiel, l'important est de pouvoir communiquer et de bien nous entendre pour protéger notre habitat : Dame Nature.

Alors, récapitulons :

Nous savons plein de choses qui peuvent vous aider.

Nous pouvons vous soigner.

Nous pouvons vous apprendre comment respecter et entretenir la nature.

Et bien plus encore si votre cœur est pur.

En échange nous aimons la bonne nourriture, le calme et l'entraide.

Nous saurons vous demander le moment venu, ce qu'il nous faudra.

Encore un petit détail sur moi : je suis le porte-parole car cela fait très longtemps que je côtoie ton peuple, que je vous observe et que nous partageons beaucoup de choses.

Je vis ici depuis très longtemps.

Tous ne sont pas comme moi, j'ai choisi ce rôle car il me fait avancer et réfléchir.

Tout comme vous, chacun de nous a son identité, son caractère.

Notre communauté a aussi besoin de nous tous pour évoluer.

J'entends que le moment des questions est venu, je t'écoute.

MTMJ :

Je te remercie.

A plusieurs reprises, j'ai eu la chance d'être invitée dans ta maison ou celle d'autres Nains, ce n'est pas le cas de nous tous ici, aussi j'aimerais que tu nous parles de votre façon de vivre et de votre habitat.

Languth :

Très bien, je m'en doutais.

Pour nous, il est facile de pénétrer chez vous et de connaître vos habitudes, pour vous c'est différent car il faudrait vous transformer (énergétiquement) pour venir chez nous.

Déjà, lors de vos promenades, en étant présents et ouverts au monde qui vous entoure, vous pourrez nous ressentir et vous devinerez nos lieux de vies : les « portes » de nos résidences.

Si vous n'êtes pas dans les bonnes vibrations, ces lieux vous seront fermés donc invisibles, et vous passerez devant sans nous voir, comme souvent.

C'est une protection pour nous : la clé est de vous mettre sur la même énergie que nous.

Nous vivons par famille souvent très nombreuse, personne n'est jamais seul.

Notre famille est composée de plus ou moins jeunes âmes, nous sommes ensemble depuis très longtemps. Notre temps n'a rien à voir avec le vôtre.

Il arrive qu'un être parte vers d'autres horizons, ce qui correspond à son choix d'évolution, donc il nous quitte.

Il en est de même avec un être qui arrive chez nous.

Ces mouvements sont peu fréquents, notre structure familiale peut rester stable très longtemps.

Nous sommes composés de jeunes et de moins jeunes, de sages et de moins sages.

Nos différences forment une complémentarité dans notre évolution et l'évolution de la Terre.

Nous ne pourrions pas vivre autrement, nous serions incomplets, comme quand il y a un trou dans le puzzle.

Quoi te dire d'autre ?

Nous sommes tous reliés entre nous, sans nous côtoyer forcément, malgré nos tâches différentes et en dépit de l'endroit où nous sommes.

Votre vision des « Nains » est limitative.

Ce nom que vous nous avez donné est pour les êtres de la terre, mais est aussi en rapport avec notre taille.

En fait, c'est plus complexe que cela.

Notre taille semble petite pour vous, mais elle apparaît grande dans d'autres milieux.

Cessez de tout schématiser et de tout mettre dans des cases, même si cela vous rassure.

Nous sommes tous très différents selon nos lieux d'habitation et du travail que nous effectuons.

Nous sommes tous physiquement différents et la physionomie que nous vous montrons est celle que nous souhaitons vous montrer !

Nous rigolons bien avec ça !

Nous pouvons prendre des formes et traits multiples, c'est pour nous très amusant.

Vous êtes restés pour nombre d'entre vous sur le dessin animé de « Blanche Neige et les 7 nains », qui a le mérite d'exister et d'empêcher que l'on tombe dans les « oubliettes ».

Vous voyez, les 7 nains sont tous différents, nous c'est pareil, sauf que nous sommes beaucoup plus nombreux.

Si vous nous demandiez d'apparaître devant vous, vous pourriez nous voir sur un tronc d'arbre, sur la terre, sur une feuille... mais nous prendrions la forme que nous souhaitons !

Ce que vous nommez le féminin et le masculin, garçon et fille, n'existe pas chez nous, nous prenons l'aspect qui nous plaît et vivons comme nous l'avons choisi- Il faudra venir nous rencontrer pour le comprendre car il n'y a pas de mots qui définissent notre état d'être -

Nous vivons dans l'illimité de tout.

Une chose qui est vraie, c'est notre tempérament : travailleur et souvent râleur, mais pas méchant !

Votre Walt Disney était très « connecté » : la chanson : Ah HI AH HO, on rentre du boulot, nous représente bien !

Mais reste limitative tout de même !

Voilà pour notre structure.

Notre habitat, ou je devrais dire nos habitats car ils sont en nombre illimité.

Nous sommes toujours installés essentiellement dans des endroits stratégiques.

Stratégiques afin de recevoir et de pouvoir divulguer les informations et communications importantes au sujet de l'équilibre de la Terre, de notre place dans le Cosmos.

La place de notre planète que vous appelez Terre.

C'est pour cela que c'est dramatique lorsque vous détruisez un lieu, un de nos habitats pour vos constructions, routes, déforestation en tout genre….

Entre familles ou communautés, nos habitats sont reliés par des galeries qui peuvent aller très loin.

Ces tunnels sont également des lieux où nous sommes en lien avec le plus profond de la terre, des cieux, de la mer, de la forêt … de l'Univers.

Les minéraux sont un peu comme vos téléphones, c'est un de nos moyens de communication avec les énergies du plus « Haut », moyen de transmission avec le monde entier, l'Univers.

Ne croyez pas que nous faisons ce que bon nous semble !

Nous avons une « hiérarchie » qui nous exprime ce qui est le mieux pour tous et ce que nous devons faire.

Voilà, je pense avoir répondu à pas mal de vos questionnements et espère vous avoir fait prendre conscience qu'il serait bien de nous interroger avant de déraciner un arbre, de faire une route…

Car cela a un impact bien plus grand que ce que vous pouvez imaginer sur l'équilibre entier de la Terre et donc de notre Nature, et par conséquent sur votre place dans l'Univers car vous l'avez bien compris, nous sommes tous reliés et pour reprendre une de vos expressions « dans le même bateau » !

Je terminerai sur les « offrandes » que nous apprécions :

La plus grande est de nous ouvrir votre cœur, de nous reconnaître, de croire en nous, même si vous ne nous voyez pas avec vos yeux d'humain (vous pouvez nous voir avec vos yeux du cœur) c'est ce qui nous porte pour continuer à œuvrer pour notre alliance, cela nous rend très heureux.

Nous aimons également les bons gâteaux faits « maison », les plats familiaux, le vin rouge de bonne qualité, certains alcools de votre fabrication, les jus de fruits, le bon tabac.

Ne vous étonnez pas de retrouver vos « mets » entiers matériellement, nous en aurons pris l'énergie, le « prana » ; simplement, ensuite ils n'auront plus de goût pour vous.

Nous apprécions également que vous déposiez certains objets devant notre demeure, tels : des pierres, des fleurs, un dessin, tout ce qui viendra de votre cœur.

Vous voyez, nous sommes des êtres « sérieux », mais nous savons aussi nous amuser et nous ne sommes jamais les derniers à faire des blagues (même si les Lutins sont champions), à faire la fête : nous adorons danser, chanter, festoyer, nous déguiser (changer d'apparence, de costumes)...

Célébrons notre alliance en pensant les uns aux autres, en nous respectant, en nous aimant.

Fermez lez yeux, ressentez l'Amour dans lequel nous vous enveloppons.

Nous vous aimons...

Languth :

Honoré d'être votre messager

MTMJ :

Merci à toi et à ton peuple, à bientôt j'espère !

Languth :

Aucun doute !

Chapitre 2: Rencontre avec nos amis les Lutins

Enfin, enfin, c'est notre tour !

Je les entends trépigner et être nombreux à vouloir me parler !

Il va falloir mettre un peu « d'ordre » dans ce brouhaha afin d'entendre quelque chose.

Leur gaieté et leur bonne humeur sont communicatives, et nul ne peut s'y tromper ce sont bien les Lutins qui sont à nos côtés.

Muriel :

Bonjour à vous tous mes amis, est-il possible de vous entendre un par un ou d'avoir un porte-parole ?

Je les entends discuter, ils se mettent d'accord pour savoir qui va parler !

J'attends…

Bonjour Muriel Tissaïa Marie Jeanne

Moi c'est Euh

Enchantée Euh, tu peux me donner un nom plus court que MTMJ ?

J'ai entendu que c'était ton nom, mais il est bien long et compliqué !

MTMJ : Je suis d'accord, comment souhaites-tu m'appeler ?

Euh :

Difficile de choisir, je demande à mes copains.

C'est bon : Fleur irait bien

MTMJ :

Fleur ! Très bien pour ce nom, pourquoi Fleur ?

Euh :

C'est ce qui est venu et puis nous aimons ce que vous appelez fleur, c'est joli, plein de couleurs et souvent elles sentent bon !

Nous aimons aussi nous en occuper.

Fleur :

C'est très gentil à vous d'avoir choisi ce nom pour moi : affaire conclue !

Euh :

Nous, nous pouvons changer de nom, de forme et de visage quand nous le souhaitons, ce qui fait tourner tout le monde en « bourrique » (expression que nous entendons chez vous) ; on adore !

Fleur :

J'ai cru remarquer que c'était votre spécialité de faire des blagues !

Euh :

Oui, ça énerve nos amis les nains, ils disent souvent que l'on perd notre temps !

C'est un leurre, nous semons la joie, et les enfants petits et grands nous adorent.

Nous semons la bonne humeur et quelquefois la pagaille : c'est drôle !

Rire et inventer des tours est notre « passe-temps » favori.

Fleur :

Sinon, vous faites quoi ?

Euh :

Notre travail est plus complexe qu'il ne parait.

D'abord, notre première mission (comme les agents secrets) est de prendre soin des plantes et des herbes, et oui, notre travail est dans chaque brin d'herbe.

Nous n'aimons pas du tout lorsque vous coupez tout alors que ce n'est pas le moment.

Savez vous que toutes ces herbes sont bonnes, pas à manger forcément, mais elles entretiennent le sol des lieux où elles poussent.

En plus, lorsqu'elles sont hautes, cela nous fait des cachettes pour vous guetter et vous faire des farces.

Malheureusement, on ne peut pas souvent s'approcher de vos habitations car vous coupez tout le temps l'herbe.

Pourquoi trouvez-vous joli de toujours tout couper sans demander ?

Nous, on ne comprend pas !

Nous aimons venir jouer avec vos enfants : quand on s'approche d'eux, ils ont la « bêtise » et c'est drôle.

Après, ils se font disputer par les grands et ça, nous n'aimons pas, alors quand nous pouvons, nous leur cachons des objets ou mettons des choses en panne pour les punir !

Nous n'en avons pas trop le droit, mais on ne peut pas s'en empêcher...

Ce n'est pas une perte de temps, au contraire, nous mettons du « piment » (un peu trop parfois, je l'avoue) dans vos vies souvent tristes.

Pas de couleur dans vos vêtements, un jardin toujours rangé, des fleurs coupées, des arbres taillés…

Et l'artiste en vous, il est où ?

La beauté de la nature, elle est où pour vous ?

Heureusement que nous sommes là pour mettre un peu de désordre !

Par exemple : nous aidons les plantes à pousser, même celles que vous n'aimez pas - on ne sait pas pourquoi, elles ne vous ont rien fait !

Alors celles là, nous les encourageons à grandir plus.

Quelquefois, nous faisons tomber en panne vos machines qui coupent ou nous en cachons les clés, ce n'est pas méchant, c'est juste pour que vous nous écoutiez et respectiez la nature.

Un jour, j'espère que vous nous entendrez et que nous pourrons à nouveau jouer ensemble comme avant.

Laissez vos enfants venir à nous et croyez les quand ils vous parlent de nous, nous existons vraiment.

Si votre cœur reste comme celui des enfants, vous aussi vous nous entendrez et peut-être vous nous verrez - si on le décide et avec le déguisement que l'on choisira.

Vous voyez, nous vous attendons pour faire de bonnes parties de rigolade et vous parler des herbes.

Pour ce qui concerne les fleurs, c'est mieux, vous vous en occupez davantage et vous leur donnez plus d'amour considérant qu'elles sont tellement plus belles que l'herbe.

Pour nous, pas de préférence, nous aimons pareillement tout dans la nature.

Prenons les rochers en exemple : pour vous, ils ne sont que des cailloux à escalade, durs et froids.

Mais pour nous, ils racontent des histoires : les histoires d'avant et ils nous informent sur ce qui se passe partout dans le monde et même plus loin encore.

Voyez comme ils sont intéressants et ont en mémoire des choses que personne ne connaît.

Nous savons les écouter et pouvons vous emmener vers ceux qui racontent, il suffit de nous faire confiance. Est-ce si difficile de faire confiance à un Lutin ?

Quelquefois, nous nous sentons mal-aimés par vous, mais aussi par les autres peuples de la nature qui ne nous prennent pas toujours au sérieux, pourtant nous travaillons aussi, mais à notre façon.

Nous prenons souvent du repos accompagné de moments d'espièglerie, lorsque notre travail est considéré terminé.

Pour nous, c'est notre recette du bonheur.

Nous aimons voyager, nous fermons les yeux, imaginons un paysage, un endroit et Hop, nous partons là-bas emmenant qui nous voulons !

D'accord, quelquefois nous ne demandons pas son avis à celui que nous embarquons, et il n'est pas toujours très content mais c'est ça qui est drôle !...

Mais à son tour, une prochaine fois, c'est lui qui nous entraînera inopinément, c'est ainsi que nous voyons la vie.

Il arrive que ces petits « tours » créent des histoires et des chamailleries, nous nous bagarrons aussi, mais jamais rien de bien méchant entre nous.

On en rigole toujours après.

Ce que l'on adore aussi, c'est faire des blagues aux humains qui ne croient pas en nous.

Fleur :

Je crois que j'ai déjà assisté à ce genre de blague !

Des clés ou autres qui disparaissent et réapparaissent par exemple (pourtant je crois en vous !).

Des promeneurs qui glissent dans l'eau ou dans la boue, alors qu'ils étaient en train de se moquer de nous parce que nous parlions à la nature ; j'avoue qu'il m'est arrivé de bien rigoler !

Des sacs ou paniers qui deviennent lourds et qui bougent parce que vous vous êtes glissés dedans…

Euh :

J'avoue, c'est bien nous, mais c'est drôle non ?

Euh :

Tu ne nous en veux pas d'avoir joué un peu avec ton ordinateur ?

Fleur :

Je me doutais bien que c'était vous !

Les quelques notes de musiques, l'écran tout bleu ...

Euh :

Désolé, nous n'étions pas contents du tout que tu arrêtes d'écrire, nous voulions que tu continues. Bon, promis, on ne le fera plus, même quand nous ne serons pas d'accord avec toi.

Fleur :

Comme des enfants !

C'est tout de même gentil de respecter mon emploi du temps.

Je ne peux pas toujours écrire, vous le savez car vous venez m'aider quelquefois, je fais aussi des soins énergétiques.

A ce sujet, pouvez-vous m'en dire plus sur votre rôle avec nous ?

Euh :

Alors...comment t'expliquer ?

Tu vois, nous sommes une énergie, toi aussi, chaque être, peuple de la nature, a sa propre énergie.

Imagine une mosaïque ou un puzzle de toutes les couleurs. Pour aller bien, chacun doit avoir assez de couleurs, et les bonnes, sinon il est malade ou triste.

En tant que Lutins, nous voyons les couleurs de chacun de vous et savons comment rééquilibrer votre « tableau ».

Nous essayons de vous rendre beaux comme l'arc en ciel.

Et ce n'est pas toujours facile !

D'abord, si nous venons vous aider, c'est que vous nous l'avez demandé, sinon, nous n'en avons pas le droit. Ensuite, il faut nous faire confiance et accepter de vous laissez faire, sinon cela ne marche pas et vos couleurs restent ternes.

Vois tu ce kaléidoscope constitue un équilibre pour chacun, car chacun a ses propres couleurs en fonction de l'énergie vibratoire de son être. Ceci est à respecter impérativement, sinon il y a désordre, mauvaise santé, mal être...

Si chaque être de chaque peuple, ou règne, avait toujours les bonnes couleurs, la Terre serait un tableau magique où tout serait danses et farandoles, un paradis.

Lors de nos enseignements, nous apprenons à voir toutes ces couleurs, les reconnaître, savoir où et comment aller les chercher pour vous les apporter.

De notre point de vue, vous nous apparaissez très compliqués, on a même l'impression que vous faites exprès d'aller mal, tant vous allez chercher les mauvaises couleurs à en être tristes et malades. En fait, les mauvaises couleurs vous les ramenez et les fixez à votre corps en fréquentant les mauvais lieux, les mauvaises personnes, en étant mécontents de vous lever le matin car votre journée ne vous plaît pas : alors que vous n'en savez rien, vous ne l'avez pas encore vécue.

Trop de raisonnement, de réflexion en permanence, bref vous pensez trop, et c'est bien cela qui vous empêche d'être heureux.

Par exemple, nous, nous décidons ce qui nous plaît et le faisons tout en jouant.

Si nous voyons que nos couleurs changent, nous faisons autre chose, c'est aussi simple que cela.

En résumé, lorsque la joie et la gaieté nous quittent, nous changeons ce qui ne convient pas à notre vie et tout fonctionne parfaitement.

Fleur :

Merci beaucoup Euh, c'est passionnant.

En fait les couleurs, c'est ce que nous appelons l'aura ?

Euh :

Non pas seulement, dans votre corps, chaque partie a une couleur qui doit s'accorder avec l'ensemble. C'est un dosage très subtil pour créer une belle harmonie.

Nous sommes des artistes ; sans me vanter !

Toute mauvaise pensée, peur, entraîne un changement de couleur, et c'est le bazar.

Fleur :

Qui vous apprend tout cela ? Vous avez des écoles ?

Euh :

Nous avons des maîtres qui nous enseignent en permanence.

Cet enseignement est nourri d'exercices pratiques réalisés le plus souvent dehors dans la nature.

Ce n'est pas comme chez vous, l'école n'est ni fermée, ni enfermée, nous sommes libres d'assister ou pas aux exercices.

Nous savons que notre évolution passe par cet apprentissage. Ainsi, ces connaissances nous permettent d'obtenir des rôles toujours plus importants, alors même que nous savons faire plus de choses : nous sommes comme des magiciens.

Tu vois, c'est pourquoi nous aimons faire des blagues : idéalement, nous souhaiterions vous amener à retrouver la joie en vous, et vous aider à rester enfant pour garder les bonnes couleurs.

Nous n'aimons pas vous voir tout gris, noirs, sombres...

Nous jouons avec les couleurs alors que d'autres peuples jouent avec les parfums.

Vois-tu, nous ne faisons pas que des blagues, cela fait partie de notre travail et nous travaillons beaucoup afin de maintenir un joli tableau avec une belle palette de couleurs, et toujours dans la gaieté.

Je vois que tu es perturbée, que tes couleurs sont en train de bouger et de se mettre en place.

Pendant que je t'expliquais tout, mes copains ont un peu travaillé sur toi pour que tu sois plus jolie en couleurs.

Tu n'es pas fâchée ?

Fleur :

Sincèrement, je m'en doutais un peu !

C'est très gentil, vous auriez tout de même pu me demander.

Euh :

Tu ne prends pas assez de temps pour toi, alors pour trouver un moment qui te convienne, ça aurait été compliqué !

Et puis, nous aimons que tout soit fait dans l'instant, ainsi nous sommes certains que c'est fait.

Nous n'avons pas besoin « d'agenda » qui compliquerait notre existence, n'est-ce pas ?

Fleur :

Je comprends, c'est votre façon de fonctionner et cette simplicité vous rend heureux !

Euh :

Exact !

Fleur :

Comment pourrions-nous imaginer travailler ensemble ?

Euh :

Nous allons plutôt parler de vœux. En effet, le mot travail ne nous convient pas car il porte des énergies d'obligations, de contraintes et de lassitude. S'il supposait l'idée de bonheur et de joie, nous l'accepterions.

Premier vœu : reconnaître notre existence.

Deuxième vœu : nous demander notre avis pour tout ce qui touche les plantes, les arbres, le potager. Si vous nous écoutez, vous choisirez le bon endroit, vous saurez quand planter et quels végétaux à côté de tels autres, quand arroser et comment nourrir la terre, comment parler aux plantes quelles qu'elles soient, la bonne période pour semer, récolter et quelle partie laisser pour la nature, et donc pour nous aussi. Partager avec nous l'amour que vous avez pour votre jardin.

Tout comme avec vos plantes d'intérieur ; mais alors, il faut nous laisser entrer chez vous et suivre nos conseils.

Troisième vœu : prendre du plaisir et vous amuser quand vous êtes dans votre jardin.

Quatrième vœu : nous faire des cadeaux : nous adorons les cadeaux !

Fleur :

Très bien, je suis d'accord.

J'ai déjà fait un potager avec vous et je dois reconnaître l'abondance qu'il y a eue avec peu de travail et très peu d'arrosage.

Je me souviens avoir demandé la permission avant de récolter et lorsque j'oubliais, ce n'était pas bon du tout : pousses d'épinard gluantes, salades plus fades…

J'ai appris à ne pas oublier !

Euh :

Et surtout, ne pas oublier de remercier pour cette nourriture : remercier les esprits ou Deva pour chaque légume, et bien sûr nous remercier ! Nous adorons cette reconnaissance et puis c'est bien normal, nous y sommes aussi pour quelque chose dans le résultat du beau potager !

Fleur :

J'ai bien compris l'importance de remercier ! Les remerciements vous encouragent à poursuivre vos « efforts ». Ce n'est pas le bon mot, mais je n'en trouve pas d'autre !

Je reprends les vœux et vous me direz si j'ai bien compris et s'il manque quelque chose.

Le premier vœu : vous reconnaître, donc vous dire bonjour en arrivant au potager et vous parler comme aux légumes et aux plantes ; bien sûr vous dire au revoir, à bientôt, en partant.

En même temps, je pense que c'est la moindre des choses car nous arrivons dans votre monde, visible ou invisible pour nous.

Le deuxième vœu : vous interroger à chaque aménagement, plantation, arrosage, cueillette…

Les personnes qui ont « la main verte » sont en fait toujours « connectées » à vous et à la nature. Pour les personnes comme moi, il est préférable de demander, ainsi le résultat sera à la hauteur.

Pour ceux qui pensent ne pas vous entendre ou ressentir votre présence, comment doivent-ils faire ?

Je t'entends rire, un peu moqueur aussi !

Euh :

Ben oui, c'est toujours la même chose : chercher une excuse pour ne pas « travailler » avec nous !

Il suffit de demander à vos enfants, eux nous entendront et vous feront la traduction !

Sinon, c'est simple, pour entendre nos réponses : redevenez enfant, pas en taille, dans vos cœurs.

Par exemple : si vous souhaitez planter vos tomates, et que vous vous demandez où : écoutez votre « instinct » que nous guiderons, et non votre tête qui va raisonner : ici, le robinet pour l'arrosage est plus prêt et donc tu auras moins à porter ton arrosoir ! - ce qui ne correspondra pas forcément au bon endroit où planter.

Vous voyez la différence ?

Une réponse viendra de nous, l'autre de votre tête - mental à laisser à la porte du potager !

Et là tout devient un « jeu d'enfant ».

Pour désherber, c'est pareil : demandez avant d'arracher car souvent, tout a une utilité et tout est question d'harmonie.

N'utilisez jamais de produits chimiques, ces empoisonneurs : comme vous le savez tous les aliments consommés entrent dans votre corps, donc si vous empoisonnez vos légumes, vous vous empoisonnerez aussi.

En tant que Lutins, nous nous nourrissons de l'énergie des légumes, ainsi, après notre consommation, le légume n'a plus ni goût, ni énergie.

Si vous mettez du poison dans votre potager, les mauvais aliments changeront nos couleurs, nous tomberons malades, d'où l'importance pour nous – autant que pour vous bien sûr – de ne pas utiliser de produits chimiques.

Si vous le faites, nous serons dans l'obligation de partir ailleurs ! C'est clair ?

Si vous écoutez nos conseils et ceux des légumes – par exemple, avec quels végétaux cohabiter ?

Vous n'aurez jamais de problèmes.

Nous vous demandons aussi de passer du temps avec nous : juste chanter, jouer de la musique, vous asseoir, lire…

C'est important que des amis passent du temps ensemble, de plus cela vous fera le plus grand bien d'être en notre compagnie : vous serez toujours de bonne humeur !

Fleur :

Le troisième vœu : nous amuser, prendre du plaisir à être dans notre jardin, comme une évidence car c'est un lieu créé pour bien se nourrir, se faire du bien et être en harmonie avec la nature !

Euh :

Tu es née de « la dernière pluie ou quoi ? »

Nous souhaiterions que ce soit le cas partout, mais malheureusement c'est loin d'être généralisé. Vois-tu, encore les « petits » potagers, c'est pas mal, on sent les efforts faits pour respecter la nature ; mais les grands, avec leur cultures intensives, avec leurs machines qui écrasent tout, déversent leur poison, ce n'est franchement pas terrible !

Enfin, c'est une évidence, il vaut mieux une multitude de petits jardiniers qui aiment et respectent la Nature, qu'un gros producteur qui ne respecte rien et épuise la Terre !

Vois-tu, il fut un temps où tous savaient nous demander et nous écouter, c'était bien. Je ne désespère pas, et aujourd'hui je suis même heureux car je sais que nous sommes en train de recréer un lien entre nos peuples et que nous allons vers l'harmonie : chacun pourra alors apporter à l'autre ses connaissances et exprimer ses besoins !

Bon pour résumer, laissez vous contaminer par notre joie et nos rigolades !

Fleur :

Le quatrième vœu : les cadeaux ; je comprends : tout le monde ou presque aime les cadeaux !

Pour nous le cadeau du potager : c'est une bonne récolte.

Et pour vous, quels sont les cadeaux que vous attendez ?

Euh :

Sujet très intéressant…

Plein de cadeaux : bien sûr ceux d'une nature saine, mais aussi les vôtres !

Nous sommes très gourmands de sucré : c'est notre « péché mignon » comme vous dites !

Le bon chocolat, miam ; les gâteaux réalisés avec de bons ingrédients, avec plaisir, en y mettant de votre « cœur », un peu de vous, c'est le meilleur... du bon jus de pomme et encore plein de bonnes choses à nous faire goûter à votre convenance !..

Sinon, toute attention à notre égard suscite un grand bonheur : un beau dessin, un objet réalisé par vous, ou vos enfants, on adore : c'est toujours magique !

Les couleurs, nous aimons les couleurs.

Je vais t'inviter chez moi Fleur, tu apprécieras et tu pourras raconter ou dessiner ce que tu y verras : tu ne vas pas en croire tes yeux, ni tes oreilles car le bruit peut être intense : celui d'enfants dont les cris accompagnent jeux, chamailleries, rires...

Je ne suis pas sûr que tu apprécies, mais au moins tu sauras !

Fleur :

Je suis très touchée par ton invitation Euh !

C'est avec plaisir que je l'accepte.

Je me laisse entraîner dans le royaume de Euh et des siens.

En état méditatif, je me retrouve au milieu de grandes branches d'un arbre bien feuillu.

Beaucoup de Lutins m'attendent et me dévisagent.

Apparemment, certains d'entre eux n'ont jamais approché les énergies d'une humaine d'aussi près, ils sont même étonnement silencieux !

J'observe moi aussi ce qui m'entoure.

Beaucoup de ce qui pourrait ressembler à des mobiles de quartz transparents et colorés sont accrochés aux branches.

Un jeu de lumières et des reflets de couleurs multiples scintillent, c'est magnifique et magique !

Une multitude de petits êtres avec de grands yeux sont là, ils se fondent dans la nature.

Un long moment passe au milieu de cet arbre, puis Euh prend la « parole » télépathiquement et explique aux siens pourquoi je suis là et qui je suis.

Tous acquiescent mais certains sont un peu inquiets à l'idée de me faire entrer chez eux.

Quelques uns ont déjà vécu des expériences malheureuses avec des humains et ont décidé de ne plus les rencontrer, simplement limiter leur action à faire vivre la Nature.

Après bien des discussions, ils se mettent d'accord et me demandent de me soumettre à un test.

Le test de la transparence. Ils m'expliquent que je dois tenir un cristal et en fonction de la couleur diffusée, ils m'accorderont ou pas leur confiance, cet exercice sera répété trois fois avec trois cristaux différents.

Je suis d'accord, confiante en mon cœur et au ressenti que j'éprouve.

Ils me tendent le premier cristal.

J'entends une musique pure qui me pénètre et le cristal prend des nuances roses, j'éprouve alors une sensation aussi agréable qu'indéfinissable.

Je resterais bien dans cet état plus longtemps !

J'entends des murmures et on me tend le deuxième cristal.

D'autres sons me parviennent, totalement différents des premiers, tout aussi agréables mais plus dynamiques. Le cristal prend des reflets bleutés. Je reste un moment à apprécier ce nouvel état qui semble me transporter dans un autre monde plein de nouvelles sensations, avec une vision modifiée, des senteurs florales inconnues qui m'enivrent.

J'ai l'impression d'avoir passé une « porte » et d'être arrivée de « l'autre côté » du voile.

Puis arrive le troisième cristal.

Celui-ci a une forme plutôt sphérique, des chants angéliques s'élèvent de partout autour de moi.

Un vrai rêve de « princesse », je n'imaginais pas possible la beauté qui m'entoure, ces voix cristallines, ces couleurs si vives, si belles, créant une magnifique harmonie.

Le cristal a pris une teinte or, un immense amour m'habite, un partage avec le monde, les arbres, les papillons, les oiseaux… Nous vibrons tous au rythme d'un même souffle.

Je ne trouve pas de mots pour décrire cet état !

Quel bonheur ! Je souhaiterais que cette sensation si particulière se prolonge encore, longtemps, mais le cristal m'est repris et raccroché à une branche.

Tous me regardent, j'avoue me sentir un peu « jugée », évaluée, mais c'est le passage obligatoire pour gagner leur confiance. J'accepte avec plaisir et me vois leur sourire.

Je perçois également leurs sourires et là, je sais que le clan m'accepte.

Une immense joie m'envahit, mon cœur est léger, nous partons ensemble dans une série de fou-rires : bienvenue dans le monde des Lutins !

S'ensuit une farandole au milieu des branches éclairées comme par des lampions, une musique enivrante nous accompagne, mais d'où vient-elle ?

Cette incroyable gaieté, dans une incroyable innocence, reflète bien l'esprit des Lutins.

Je n'ai aucune notion du temps qui passe, je profite et me délecte pleinement de ces instants magiques, je mesure la chance que j'ai de vivre ces moments.

Puis, j'aperçois une toute petite porte, d'un vert plutôt fluo, qui s'ouvre au creux du tronc de l'arbre. Les lutins s'y engouffrent dans un désordre incroyable et m'entraîne sur un toboggan.

La descente me paraît rapide par sa vitesse et longue par sa distance. Je crains la chute à l'arrivée !

Mais un épais tapis souple et confortable, constitué de feuilles et de branches rebondissantes nous accueille à bon port !

Les Lutins enchaînent les cascades et les rires, beaucoup d'êtres se trouvent réunis dans ce qui ressemble à une grande salle souterraine, toute illuminée et pleine de couleurs à couper le souffle.

Je comprends à cet instant l'harmonie réalisée par la puissance des couleurs.

Euh, que je n'avais pas vu depuis le début, s'approche de moi, je le vois très heureux de pouvoir me montrer leur lieu de vie et leur façon de vivre.

Il m'entraîne à part, dans une sorte de petite pièce qui pourrait se situer sous une racine surélevée de l'arbre, c'est étonnamment calme et « cocooning », idéalement reposant après le grand branle-bas vécu juste avant !

Il m'explique alors, que dans son monde, tout peut se créer par le pouvoir de l'intention.

Aussitôt, deux canapés de couleur rose pâle apparaissent sous mes yeux et se posent dans la pièce à la façon de ballons gonflables!

Incroyable, je n'en reviens pas, comment a-t-il fait ?

Mon état de sidération et ma mine déconfite entraînent Euh dans un grand éclat de rire.

Une fois sa crise de rire passée, il se met à m'expliquer le phénomène.

Euh :

Vois-tu Fleur, dans notre monde, nous pouvons presque tout faire car nous y croyons. Nous jouons avec la densité de chaque couleur et ainsi nous pouvons créer ce que l'on veut.

Essaie : choisis une couleur et une forme.

Fleur :

Jaune et en forme de fleur

Euh :

Très bien.

Maintenant pense très fort à cet objet que tu souhaites créer et à son utilité : table, chaise, banc…

Fleur :

Un siège jaune en forme de fleur.

J'y pense très fort, suivant les conseils de Euh et je crois fermement que je vais y arriver.

Et là, je vois devant moi, en l'air la densité du jaune créer ce fauteuil-fleur et devenant suffisamment lourd, il vient se poser sur le sol.

Incroyable et tellement extraordinaire que je me mets à sauter partout, la folie des Lutins m'aurait-elle gagnée ?

Leur monde est incroyable !

Euh :

Tu vois, tu peux réaliser ce que tu souhaites, à partir du moment où ton cœur est pur et tes intentions bonnes.

Dans ton monde, tu peux également faire des choses, pas comme ici c'est différent, mais continue toujours à croire en ce que tu veux vraiment, et tu y arriveras.

Tu ne dois pas te limiter car vous avez accès maintenant à de nouvelles « technologies » par le pouvoir de la pensée et petit à petit vous pourrez « jouer » à la transformation de la matière et à la création de l'illusion.

Vous deviendrez vous aussi des « magiciens », mais seulement lorsque ton peuple sera assez sage pour construire de l'harmonie et n'aura plus besoin de déconstruire !

Ce moment arrivera, garde confiance en toi et en ton peuple.

Maintenant, il est temps que je te ramène de l'autre côté de la porte.

Fleur :

Je quitte ton monde et ton peuple avec un pincement au cœur, mais je sais que je dois retourner « de l'autre côté », car ma mission de réunir à nouveau les êtres de la nature et les humains ne fait que commencer.

Avant de partir, j'aimerai faire un cadeau à mes nouveaux amis pour les remercier de leur accueil et de m'avoir permis de pénétrer leur monde.

Euh :

Bien sûr, je n'en attendais pas moins de toi !

Je retourne dans la salle commune où la vie semble toujours une fête.

Je me concentre sur la couleur or, pense à une grosse bulle assez légère pour voler et ensuite je la vois se transformer en des milliers de petites bulles.

Oui, ça marche, je suis encore tout étonnée de ce que je viens de réaliser, mais c'est ainsi dans le monde des Lutins.

Tous ont compris mon retour dans l'autre monde, nous nous invitons chacun à aller les uns chez les autres, ce qui nous permet de nous quitter le cœur moins lourd !

Euh me fait signe, il est temps de partir, il me prend par la main et aussitôt, sans que j'ai le temps de le réaliser, nous nous retrouvons au milieu des branches et des cristaux, puis d'un autre souffle, j'arrive à nouveau chez moi, dans le monde des Humains.

Un peu sonnée certes : il me faut le temps de « reprendre mes esprits »

Un grand merci à toi Euh et à ta magnifique famille. Je dois à présent me reposer et prendre du recul pour apprécier et prendre la mesure de cette superbe rencontre, la rencontre de ton monde.

J'entends Euh repartir dans un de ces énormes fous rires…

Euh :

À bientôt chère amie, ce fût un plaisir de t'ouvrir à notre monde !

Fleur, peu après :

J'ai récupéré, et regarde j'ai essayé de dessiner l'arbre à Lutins !

Euh :

J'ai vu, pas mal !

Je crois avoir fait le tour de ce que tu devais savoir sur nous aujourd'hui.

Nous reprendrons dans quelque temps sur d'autres sujets !

A présent, tu sais où me trouver quand tu as besoin de moi, entraîne-toi sur la pensée créatrice et les soins avec les couleurs, je compte sur toi.

Fleur :

Je te remercie du fond du cœur, je vais travailler et continuer à vous faire reconnaître afin que nos peuples retrouvent leur belle connivence. A bientôt Euh, pour de nouvelles aventures…

Chapitre 3 : Rencontre avec nos amis les Elfes

Bienvenue au peuple des Elfes !

Muriel :

Bonjour amis les Elfes, notez que je suis très honorée de pouvoir parler avec vous alors que je sais combien vous êtes encore méfiants envers les êtres humains !

Bonjour Muriel,

C'est aussi un grand honneur pour nous de pouvoir venir te confier quelques messages pour le bien de tous.

Nous avons eu l'occasion de te rencontrer plusieurs fois et notamment dans la forêt de Brocéliande puis dans le Sidobre, alors que tu ne savais pas encore qui nous étions.

Muriel :

Oui, quels magnifiques souvenirs que ces moments passés ensemble !

Quel cadeau de nous avoir accueillis avec mon groupe, nous en gardons une pensée émue, tellement empreinte de finesse, de distinction.

Peux-tu me donner ton prénom s'il te plaît, ce sera plus facile pour communiquer.

Delfium sera le nom que je porterai lors de nos échanges.

Nous avons un langage particulier, quelques humains l'ont appris et nous trouvons cela très courageux.

Muriel :

Je te remercie, je reconnais là en effet la finesse de ton peuple, il y a "elf" dans Delfium mais ton nom me fait aussi penser à « dauphin ».

Delfium :

Oui effectivement, je suis très lié au monde des dauphins, j'ai une connexion particulière avec eux.

Vous vous demandez sûrement pourquoi, étant un être vivant sur terre au milieu de la forêt, je suis connecté aux dauphins, peuple de la mer ?

La réponse peut paraître facilement compréhensible, pour qui reconnaît l'illimité...

Aujourd'hui je fais partie du peuple des arbres, mais avant j'appartenais au monde du peuple de la mer. Ainsi, j'ai appris le langage de l'eau et des peuples qui y vivent.

Les dauphins font partie du « Grand Plan Universel » et par conséquent sont connectés à de nombreux peuples qui appartiennent à des règnes différents.

Comme vous le savez, nous n'avons pas besoin d'être présents physiquement dans un lieu pour communiquer entre nous et avec vous.

Ainsi, alors qu'actuellement tu es chez toi en train d'écrire, et moi dans un autre monde, je suis quand même proche de toi.

C'est grâce à cette loi que nous avons de grandes connaissances et que nous pouvons agir en fonction des enseignements acquis et des renseignements reçus.

Nous apprécions vraiment la façon dont vous nous représentez, tout en finesse, raffinés et maîtrisant l'art.

En effet, nous aimons particulièrement ce milieu des arts : la musique, le chant et ce que vous appelez la peinture. Nous créons des dessins qui nous servent à ouvrir « des portes » pour accéder à différentes dimensions.

Cette faculté nous permet de nous déplacer et de vivre où nous le souhaitons en fonction des périodes (du temps) et de ce que nous devons entreprendre.

Muriel :

Wouah, merci pour les images que tu m'envoies, c'est magnifique !

Peux-tu m'expliquer comment vous créez un autre « univers » et comment vous vous y déplacez ?

Delfium :

Nous faisons toujours tout en accord avec l'ensemble de notre peuple, et les décisions importantes comme celle de créer sont toujours soumises à discussions et mûries longtemps entre nous. Le verdict est toujours justifié par un événement majeur, tel l'équilibre de la Terre dans le Cosmos, sachant que cela a des conséquences sur le Tout.

Nous sommes aussi de fins archers et de très bons limiers ; nous nous déplaçons à la vitesse de la lumière, et sur bien des points nous pouvons être associés au peuple de l'air car nous maîtrisons parfaitement nos corps et la gravité de votre monde.

Nous nous servons des vibrations de la matière telle que celles des arbres, des rochers, nous avons la capacité de transformer cette matière et cela nous permet une agilité incroyable pour nous déplacer.

Mais revenons à la création d'un lieu lorsque nous « déménageons » tous ensemble.

Il faut savoir que chaque famille d'Elfes vit dans ce que vous pourriez appeler une ville ou une cité.

Tout y est organisé dans un ordre parfait et chaque habitat est harmonieusement décoré pour qu'il y règne paix et « Amour de Vie ».

Avant tout déplacement, nous créons le lieu de vie suivant.

Nous visualisons chaque détail sans manquer d'y apporter les vibrations, l'harmonie des couleurs, les parfums et surtout les sons qui seront nécessaires.

Nous prenons en compte les besoins de tous pour les intégrer à notre nouvel espace afin que chacun puisse se retrouver lui même dans cet autre lieu.

Une simple erreur serait fatale à notre équilibre et à celui de l'Univers, sans compter les impacts dramatiques qui pourraient frapper la Terre.

Une fois notre nouveau lieu constitué en « imagination », nous effectuons des rituels, des cérémonies afin de le matérialiser dans notre champ aurique.

Nous devons le faire tous ensemble simultanément, ensuite un son particulier est créé et alors nous changeons d'espace.

Il est difficile de traduire cet état avec vos mots, car cela n'existe pas encore chez vous.

Toi Muriel, tu peux le comprendre car nous te l'avons montré.

Muriel :

Oui, tout est tellement en harmonie, ces couleurs, le sens de chaque détail, cette musique... quel bien être, si je le pouvais, je resterais bien chez vous !

Delfium :

Nous savons d'où tu viens, toi, tu ne le sauras que plus tard, c'est la raison pour laquelle tu es si bien avec les êtres de la nature. Ta mission aujourd'hui est de nous réhabiliter auprès de ton peuple et cette mission ne fait que commencer, tu as beaucoup de travail à faire pour nous.

Je sais que tes allers-retours entre les mondes sont fatigants pour ton corps physique, mais tu en as la capacité et nous t'y aidons par des rééquilibrages énergétiques, par des temps de repos et d'intégration. Chaque fois que tu es avec nous, ton corps est informé, ré-informé de nos connaissances et de nos vibrations.

Il faut noter que nos différents mondes sont de plus en plus proches et qu'il est donc de plus en plus facile pour vous de communiquer avec nous et même de vous laisser emmener chez nous.

Par ailleurs, nous savons que tu fais des soins, et au même titre que les autres Êtres de la nature, à votre demande et si c'est bon pour vous, nous pouvons vous apporter notre aide.

Sachez cependant qu'en restant en accord avec vous, en marchant dans la nature et en étant créatif, vous avez en vous cette capacité à vous aider à guérir.

Chacun de vous a un potentiel de création, simplement par méconnaissance ou par manque de confiance, vous ne l'utilisez pas. Essayez, trompez vous, recommencez autant que nécessaire...

Nous, les Elfes, travaillons essentiellement avec la vibration des sons, des notes. Nous utilisons beaucoup d'instruments notamment la flûte et la lyre.

Nous écoutons et nous avons le pouvoir de transformer la musique des arbres, du monde végétal et nous nous en servons pour nourrir notre être et nous guérir. Nous œuvrons de la même façon avec les autres mondes, celui de l'eau, celui de l'air et celui du soleil.

D'autres systèmes vibratoires, encore inconnus de vous, sont aussi dans nos champs d'énergie.

Muriel :

Il est vrai que je vous ressens différents des autres êtres de la nature.

Votre énergie s'apparente à la vibration des anges, plus haute, plus éloignée de nous.

Pour moi, cet état est plus complexe à traduire avec des mots, les mots semblent plus lourds et difficilement adaptables.

Sachez que je fais de mon mieux pour retranscrire vos vibrations avec pour seul outil mon vocabulaire qui s'avère « bien pauvre » !

Delfium :

Je sais, nous sommes en effet plus loin de vous que les autres peuples mais en même temps si proches. Nous évoluons dans un monde vibratoire différent des autres peuples de la nature.

Je vais t'expliquer notre rôle tant vis-à-vis de la Terre que des Êtres de la nature :

Tout d'abord, nous ne sommes pas supérieurs, simplement différents.

Aucun être n'est jamais supérieur, quel que soit le monde dans lequel il vit.

Chacun a sa place, son rôle à jouer dans le grand Tout. S'il arrivait qu'un être ne soit pas en accord avec lui-même, il engendrerait de graves perturbations à tous les niveaux, dans chaque monde.

On peut préciser que pour être à sa place, il faut d'abord être soi même, en accord avec soi même, savoir vivre ce que l'on a à vivre tout naturellement.

Et ainsi tout semble évident, cela se fait tout seul.

Si un être n'est pas à sa place, il entraîne de graves dysfonctionnements pour lui mais également pour son peuple et par ricochet à plus grande échelle pour les autres peuples...

Dans ce cas, nous nous réunissons et ensemble nous modifions les paramètres responsables de ce dysfonctionnement afin que cet être perturbé retrouve sa juste place et redevienne en accord avec lui-même.

C'est une règle Universelle que chacun soit à sa place, en accord avec ce qu'il est et ce qu'il fait.

Il est tout à fait normal de changer et d'évoluer, mais nous faisons tout pour que chacun « grandisse » en accord avec lui-même, en harmonie au sein de sa communauté, et donc en symbiose avec l'Univers.

Chez nous, nul besoin de parler pour percevoir l'état de l'autre ; les sons, les couleurs, les parfums qui créent sa singularité se modifient.

Tout est simple car ce qui nous anime est l'Amour de l'autre et du monde qui nous entoure.

Lorsqu'un être a besoin d'aide, nous l'enveloppons de musique pour qu'il guérisse, nous agissons de même avec les arbres, les plantes, les animaux…

Je sais qu'il y aura un chapitre dans ce livre consacré à la relation entre les êtres de la nature et les animaux, nous reviendrons donc sur ce sujet plus tard.

Vous avez tous en vous cette faculté de percevoir vibratoirement ce qui ne va pas au fond de vous ; ce qui se traduit le plus communément par de la fatigue, des douleurs, de vilaines émotions... à vous de préciser la difficulté qui induit ces réactions, pour vous permettre de vous rééquilibrer, éventuellement de vous faire aider, d'oser changer ce qui ne va plus dans votre vie.

Nous assistons trop souvent à vos luttes sans fin, épuisantes, à vouloir tout contrôler, même ce qui n'a plus de sens dans votre existence.

Les dysfonctionnements sont souvent le résultat de peurs ; la peur d'être vous-même, la peur d'avancer, la peur d'évoluer en accord avec ce que vous êtes vraiment, et surtout cette incapacité à accepter qui vous êtes, votre physique, la couleur de vos auras, vos appartenances...

Votre premier ennemi est votre jugement; jugement sur vous-même et sur ceux qui vous entourent.

Nous comprenons mal vos erreurs à répétition, ces boucles dans lesquelles vous « tournez en rond » sans en trouver la sortie, dans lesquelles vous vous enfermez pour continuer à souffrir.

Osez changer ce qui ne vous convient plus, osez avancer libres de toutes contraintes sociales ou éducatives. Respectez vous et aimez vous davantage, c'est notre meilleur message pour vous.

Prenez conscience de qui vous êtes, à l'intérieur de vous, sans vous soucier du monde extérieur.

Là, vous pourrez être bien, vous épanouir sur votre Terre, avec ceux qui vous ressemblent.

Bien sûr, pour l'instant, vous avez votre corps physique. Ce corps vous fait parfois souffrir, juste pour vous apprendre à vous écouter et à provoquer les changements nécessaires à votre évolution.

Ne vous méprenez pas, il n'y a aucun jugement dans ce que je dis, l'humilité et le non jugement sont des valeurs acquises par notre peuple : l'amour et l'entraide sont nos seules motivations.

Comme vous, nous avons aussi des « référents » qui appartiennent à des mondes plus « évolués », des mondes qui ont connu et passé les étapes que nous traversons aujourd'hui. Ils connaissent le chemin d'évolution de chacun d'entre nous, c'est pourquoi nous nous appliquons à tenir compte de leurs conseils.

Muriel, as-tu des questions ?

Muriel :
Merci pour tes messages emplis de sagesse et de bienveillance.

C'est tellement simple quand tu nous en parles, quand tu nous exprimes les remarques et conseils de votre peuple ; qui n'aurait pas envie de les suivre ?

Je sais que vous avez aussi traversé ces difficultés, vous voyez tous nos problèmes d'en haut.

Vous avez raison, notre obstacle majeur en tant qu'Humains est de ne pas savoir nous écouter. Entendre cette petite voix qui nous parle sous forme d'intuition ; mais il faut être sage pour rester attentif, dans le silence, prendre le temps de l'écouter vraiment, et ce n'est malheureusement pas dans notre éducation, nos habitudes de vie.

Par conséquent, par manque d'attention, seules nos émotions s'expriment et notre corps souffre.

Ce sont deux systèmes d'alerte, et la sagesse voudrait que le temps soit alors venu de se poser et d'écouter pour trouver apaisement et guérison.

Je ne sais que te poser comme question car je ressens tellement d'énergies apaisantes.

Les questions, ce serait mon mental qui les poserait et franchement je veux l'oublier pour l'instant, je suis si bien, si bien de recevoir ce que tu me donnes, quel cadeau exceptionnel !

Delfium :

A mon tour de te remercier.

Tu as entièrement raison, reste dans l'être et non dans le faire pour l'instant.

C'est très agréable de te parler, tu reçois les informations par tes cellules, par tes différents corps.

J'espère vraiment que vous qui lisez ce livre, vous prenez le temps de faire des pauses pour intégrer au plus profond de vous ce qui est dit, et aussi ressentir les vibrations.

En effet, ce livre n'est pas constitué que de mots. Ce livre se respire, chacun de nous envoie les vibrations nécessaires à votre « moi intime ».

Vous êtes sur le bon chemin, je ressens l'impact sur vos cellules, vos corps se réveillent.

Rappelez vous nos échanges d'antan, nos co-créations dans différents domaines ; notamment la santé, la nature, l'élévation, la créativité, le sport, les arts, la défense dont le tir à l'arc, les arts martiaux...

Ces moments de partage étaient d'une grande richesse, je souhaiterais qu'ils reviennent.

Venez nous rencontrer par vos rêves, lors de vos ballades en nature, de vos méditations, de vos chants, dans votre musique, pendant votre sport...

Il vous suffit de croire en nous, d'être l'enfant que vous étiez, nous sommes toujours près de vous.

Nous avons été manipulés, séparés, à présent retrouvons peu à peu la confiance qui nous unissait bien qu'évoluant dans des dimensions différentes. Redevenons complémentaires...

Je vais te parler maintenant du rôle que nous avons sur la Terre, pour vous et tout être vivant.

Je pourrais commencer par notre action sur la nature, celle que vous appelez Mère Nature.

Il est impératif que vous aimiez cette Nature et que vous la respectiez au plus profond de vous.

Ce nom de Mère est totalement adapté, car sans elle la vie n'existerait pas, et c'est bien ce précepte que je souhaite vous faire comprendre, vous devez nécessairement en prendre conscience.

Mère Nature est généreuse et aimante bien que complexe.

Pour maintenir ses qualités nourricières à tout point de vue, vous devez obligatoirement vous entendre, communiquer davantage entre vous afin de définir les besoins de chacun de vous.

Les messages qu'elle vous envoie sont impératifs pour la vie de tous.

TOUS : tous les règnes vivent ensemble, en harmonie lorsque Mère Nature est équilibrée.

Chacun a son rôle, le règne végétal dont les arbres, les plantes, le règne animal, le règne minéral, mais aussi l'eau, le vent, le soleil, la lune, bien sûr tous les êtres de la nature et vous les humains.

Savoir s'aimer entre nous, ne pas se faire souffrir, qui que nous soyons et quel que soit le monde auquel nous appartenons.

Il faut réapprendre à écouter, à ressentir, à respecter le monde qui nous entoure, et nous même.

Nous sommes tous égaux, bien que différents, mais chacun a sa place et son rôle à jouer.

En tant qu'Elfes, nous devons mener la partition, comme le ferait un chef d'orchestre, nous travaillons à ce que chaque musicien soit à son poste et joue bien sa « musique ».

Et pour que l'harmonie soit réelle, nous avons besoin de chacun, dans chaque peuple.

Il fut un temps lointain où tout était parfait.

Puis des guerres entre peuples, des querelles de pouvoir, des disputes de territoires, des jalousies ont entraîné de terrifiants massacres et ont eu raison de notre bel équilibre.

Nous sommes alors entrés dans un grand chamboulement où personne n'arrivait plus à se situer, avec une perte totale de repères, que faire et comment faire ? Malgré notre travail de plus en plus compliqué, inéluctablement l'état de santé de la Terre s'est détérioré jusqu'à ce constat d'échec auquel nous assistons impuissants aujourd'hui.

Durant cette très longue période, nous avons été dans l'obligation de nous mettre à l'écart, de devenir invisibles à votre perception afin de nous protéger pour ne pas être détruits par votre folie.

Il faut comprendre que si les êtres de la nature disparaissent, c'est tout le règne végétal, mais aussi l'eau, les saisons, l'air pur et par conséquent le règne animal et le vôtre qui disparaîtront.

Votre planète serait à nouveau hostile à toute vie, un désert avant peut-être une nouvelle naissance.

Nous revenons en espérant que chacun de vous nous écoute, nous entende et agisse en conséquence pour ce qui concerne les orientations à suivre pour sauver Mère Nature.

Nous, les Elfes, sommes là pour vous réapprendre ce que vous oubliez trop souvent : le bon sens !

Vous ne devez pas me trouver très drôle sur ce sujet, mais c'est la triste réalité.

Nous recevons les directives d'un autre monde et nous les distribuons aux êtres concernés sur Terre.

Je vous assure que si chacun était à sa place, en accord avec ce qu'il est, en accord avec ce qu'il fait : le monde serait parfait.

Cette responsabilité incombe à chacun de nous.

Je vais vous parler maintenant de notre santé.

Les Elfes ont aussi un corps, composé d'une texture différente de la vôtre, l'énergie n'est pas la même ; c'est pour cela que vous ne pouvez pas nous voir à quelques exceptions près.

Ces corps doivent être entretenus, bien sûr. Mais il arrive qu'au cours de nos missions, selon les lieux fréquentés, bas en énergie notamment, nous devenions trop faibles jusqu'à en être malades.

Notre thérapie est aussi simple qu'efficace, elle est aussi évidente que le bon sens et chacun peut la mettre en pratique.

Dès que nous ressentons une fragilité, nous éloigner de la cause qui nous affaiblit : elle peut être le lieu, la mission elle même qui ne nous convient pas, l'entourage...

Il faut savoir que comme vous, nous sommes sensibles aux lieux hostiles, vibratoirement faibles, même si certains d'entre nous se montrent plus résistants. Nous devons alors nous éloigner, partir, et laisser la place à un autre volontaire qui poursuivra la mission.

Dans ce cas, le malade retournera vivre dans un lieu pur qui le rééquilibrera.

Il faut également noter que chacun de nous choisit la mission qui lui convient.

Chaque Elfe a sa spécialité comme dans votre monde, ainsi nous avons des guérisseurs, des archers, des « architectes », des spécialistes des arbres, des animaux, de la nature en général, des alchimistes, des jardiniers, d'autres sont porte-paroles, négociateurs entre peuples, commissionnaires, gardiens de savoirs... Je reprends volontairement des fonctions que vous connaissez.

Comme chez vous, nous pouvons changer de métier en nous formant à d'autres enseignements en fonction de nos motivations.

Par contre, dans notre milieu, rien n'est vécu comme un échec personnel, mais simplement comme des expériences à vivre et à partager.

Nous ne nous opposons jamais à la volonté de l'un des nôtres sauf cas de conséquences nuisibles sur l'environnement, les autres membres ou la Planète.

Chacun peut expérimenter ce qu'il souhaite, le temps nécessaire, sans jugement ni humiliation.

Notre nourriture est aussi variée que la vôtre, nous aimons les aliments sains, beaux, colorés et délicats.

Nous élaborons nos propres récoltes.

Chaque aliment correspond à une vibration particulière. La vibration se révèle en note de musique, si nos corps entrent en résonance avec cette note, nous en déduisons que c'est bon pour nous.

Pour ceux qui ont des difficultés à nous imaginer, je vais tenter d'imager ces moments de repas.

Vous pouvez fermer les yeux et vivre ce temps avec nous.

Imaginez de grandes tables recouvertes de nappes blanches et décorées avec soin de nombreuses fleurs, de diverses végétations...

Des carafes d'eau infusée de pétales de fleurs y sont disposées, ainsi qu'une kyrielle de plats multiples et colorés. Ils sont préparés à base de légumes, fruits, et autres plantes, desquels s'échappe une symphonie de notes créant une partition exceptionnelle qui, en accord avec une magnifique palette de couleurs, forme un tableau extraordinaire.

Nous sommes enivrés par cet air musical ambiant qui semble tourbillonner autour de nous.

L'atmosphère apaisante nous ressource, nous sommes toujours merveilleusement bien dans ces instants de « repas », de réunion. Lorsque bon nous semble, nous dansons au son des notes émises par ces plats préparés et disposés avec soin. Je dois préciser que ces aliments ne sont pas solides et physiques comme les vôtres, mais ils peuvent s'en rapprocher, quand votre nourriture est saine.

Chacun vient se nourrir de ces notes quand ses corps éthérés en ressentent le besoin, sans aucune contrainte, même pas horaire. Chacun se prend en charge en fonction de ses besoins.

Ainsi, nous sommes rarement malades !

S'il nous arrive de ne pas être en pleine forme ou blessés, nous nous rendons dans un lieu particulier.

Pour vous, ce pourrait être une immense serre transparente, en forme de bulle dans laquelle poussent de nombreuses plantes, des fleurs et où l'eau coule comme une rivière.

Le chant de chaque plante, chaque fleur et la musique de l'eau sont guérisseurs.

Comme dans un bain de jouvence, nous baignons dans cette musique vibratoire un certain laps de temps, puis les elfes guérisseurs ou alchimistes nous proposent un cocktail de plantes adapté à notre état. Nous écoutons alors la musique particulière émise selon notre cas et nous guérissons.

Il arrive que plusieurs soins soient nécessaires, à partir de plantes différentes.

Nous savons aussi prendre du repos lorsque nous en ressentons la nécessité.

Voyez-vous, notre recette santé est simple : nous nous écoutons pour adapter nos besoins.

Muriel :

Extraordinaire, merci beaucoup Delfium de partager avec nous ces moments de vie.

Merci également pour les images, je suis sûre que vous qui lisez ces lignes, vous arrivez maintenant à imaginer la beauté, la délicatesse de ces lieux.

Votre « salle à manger » ressemble à un lieu de conte de fée, qui confondrait salle de bal et salle de banquet en pleine nature, tellement tout est beau, fin, magnifique.

Votre « lieu de soin » est également magique, les parfums, les couleurs, la musique, le murmure de l'eau, la magnificence du lieu me laissent sans mot !

Chacun peut imaginer s'y rendre et y rester de longs moments !

Combien il serait fabuleux que de tels lieux existent chez nous pour nos malades !

Dis moi Delfium, dans le lieu de soin, j'ai aperçu des fées, toutes plus jolies les unes que les autres, elles apportaient une fraîcheur, une légèreté incroyable, c'était une symphonie parfaite entre le bruissement de leurs ailes, le murmure de l'eau, les chants et les musiques de tout le reste.

Vous êtes très liés avec les fées ?

Delfium :

Il est certain que nos lieux vous plairaient, vous y êtes les bienvenus.

Au cours de vos méditations ou pendant votre sommeil, demandez nous de vous y amener, et nous vous y accompagnerons avec joie.

Par ailleurs, nous sommes effectivement très liés et depuis fort longtemps à nos amies les fées, nos rôles s'accordent à merveille, nous sommes très complémentaires.

Les fées qui nous accompagnent ont aussi dans leurs missions de nous aider pour les fleurs, les parfums et les soins.

Quand à nous, nous les protégeons, car comme tu le sais, elles sont fragiles et sensibles.

Mais je sais qu'elles t'en parleront bientôt.

Lors de tes ballades, tu as souvent rencontré ceux que tu nommes « les archers », ils sont souvent postés en haut des rochers, des falaises et proches de cours d'eau, le domaine des fées.

Les archers sont des elfes entraînés dans la défense, et certains sont spécialisés dans la protection des fées.

Nous apprécions grandement la compagnie des Fées et je pense que c'est réciproque.

Quelquefois de belles histoires d'amour naissent entre un elfe et une fée !

Une dernière chose, vous pouvez nous demander conseil sur de multitude sujets, comme votre bien être, votre lieu de vie, votre travail, à savoir s'il est bon pour vous, sur l'art et bien sûr la musique...

Voilà chère Muriel et chers amis lecteurs, je pense vous avoir dit ce que vous deviez savoir pour une première approche.

Nous te laissons, mais nous ne sommes jamais loin !

Muriel :

Un grand merci Delfium, quel plaisir de t'avoir écouté et ressenti par ton énergie si subtile...

Moi aussi, je te dis à très vite.

Chapitre 4 : Rencontre avec nos amies les Fées

Je suis très heureuse, depuis quelques jours les fées sont autour de moi, je suis impatiente de les accueillir et de recueillir leurs propos !

Merci peuple des fées, de participer à ce recueil de messages des Êtres de la nature, de bien vouloir collaborer à l'écriture de ce livre.

Les fées :

Nous sommes également impatientes de communiquer avec toi.

Je me nomme Isia et je me présente en tant que porte parole de cette rencontre.

Je connais les secrets de la nature, je les enseigne à mes consœurs ainsi qu'aux autres peuples.

Je suis également très liée au monde animal, tout particulièrement à celui des abeilles et autres espèces pollinisatrices.

Muriel est ton nom en tant qu'humaine ; mais comme tu le sais déjà, pour nous c'est Tissaïa, (celle qui tisse les liens entre les mondes), ce nom nous te l'avons choisi en fonction de ta mission qui est de nous relier avec votre peuple afin d'en prendre soin et de guérir Mère Nature.

Nous ne sommes jamais loin de vous, appelez nous, nous serons de bon conseil pour la santé de vos fleurs, vos plantes, entretenir la légèreté et la joie en vous.

Il y a quelques années, nous t'avons demandé d'initier le « Cercle des fées ».

Ainsi, tu canalisais des méditations axées sur la nature et les animaux, afin d'apporter, avec tes semblables, plus de lumière sur la planète Terre, pour aider à mieux gérer les situations hostiles.

Nous aimerions que tu constitues un recueil de ces méditations, car même si elles datent aujourd'hui, elles sont malheureusement encore d'actualité et aideront au plus grand bien de tous.

Ces méditations que tu recevais des trois grandes fées - Morgane, Viviane et la Fée des Quatre Vents - ont pris fin indépendamment de ta volonté. En effet, il nous est apparu qu'il devenait dangereux pour nous de communiquer avec vous, aussi nous avons choisi de nous « cacher » pour un temps.

Comme vous le savez tous, l'ombre et la lumière existent aussi dans nos dimensions.

Pendant un temps, l'arme de l'ombre était de détruire tous ceux qui aidaient Mère Nature.

Bien sûr nos peuples se sont trouvés en première ligne dans cette lutte, car sans nous, les saisons, la vie, l'équilibre même de la nature ne peut exister.

En nous éliminant, toute vie serait détruite et la terre se retrouverait dans le chaos de l'ombre.

Le risque était le même pour toi et ceux qui nous canalisaient.

Pour nous protéger tous, les grandes fées ont décidé de couper toute communication.

Bien qu'il faille toujours rester vigilants, car l'ombre rôde bien sûr, on peut considérer que nous avons dépassé ce dernier cap et que la lumière a gagné.

Dans notre organisation, les Petites Fées sont guidées par les Grandes Fées pour tout ce qui concerne les décisions importantes, notamment pour l'équilibre de la nature, donc notre équilibre autant que le vôtre.

Nous sommes très proches de vous, et particulièrement maintenant alors que les consciences s'élèvent, nous légitiment et reconnaissent notre travail.

Vous êtes de plus en plus nombreux à nous percevoir, à nous entendre, spécialement les enfants ; les nouveaux enfants nous voient, et nous pouvons même leur transmettre directement nos connaissances, tout devient plus simple, sans mauvais jeu de mots : un véritable jeu d'enfants !

Combien il nous est agréable à présent de vous retrouver après tous ces tumultes.

Voici ce qu'il fallait expliquer pour clore ce chapitre du Cercle des Fées.

Tissaïa :

Merci Isia pour cette importante mise au point.

Penses-tu que le Cercle des Fées renaîtra ?

Isia :

Je ne peux pas encore te le dire, ce sont les Grandes Fées qui te joindront le moment venu.

Je peux juste préciser que notre hiérarchie a bougé et que les rôles de certaines ont changé, notamment celui de Fée

Morgane. Vois-tu, dans notre monde aussi nous évoluons quand nous sommes prêtes, et alors nous changeons de mission.

Tissaïa :

Isia tu me fais penser à la déesse Isis !

Isia :

Bien vu ! Effectivement nos noms sont souvent en relation avec les divinités.

Un prénom est porteur de mémoires et de connaissances, donc en fonction de celui-ci, notre mission est dessinée.

Ce n'est donc pas un hasard si j'ai hérité des « secrets de la nature », un don que portait Isis.

Il est donc facile pour moi de savoir ce qui est bien ou pas pour la nature, j'ai reçu la connaissance des plantes, et les médications qui vont avec.

Vous pouvez me consulter quand vous avez une question à ce sujet, j'y répondrai par votre cœur.

Vous pouvez aussi m'appeler pour vos abeilles, nous sommes plusieurs avec cette mission, et nous souhaiterions tellement travailler de nouveau avec vous.

Tissaïa :

Nous aussi, c'est extraordinaire d'avoir les mêmes missions.

Je te sens très impatiente, tu ne tiens pas en place, virevoltes autour de moi, avec une grande énergie, pourquoi ?

Isia :

Oui, nous sommes des impatientes, nous aimons quand tout arrive immédiatement.

Nous espérons profondément que vous qui lisez ces lignes, vous allez faire appel à nous très vite !

Notre lieu de vie peut se comparer à une ruche où chacune s'agite sans cesse.

Puis pour nous ré-énergiser, nous nous posons au bord d'une rivière ou près d'une cascade.

Nous travaillons beaucoup, comme je vous l'ai dit, avec les fleurs, les plantes, les abeilles, mais aussi nous aidons à dépolluer l'air. Nous agissons en créant une harmonie entre les éléments présents sur le lieu « malade ».

Si ces éléments ne se trouvent pas sur place, nous devons aller les chercher et les transporter, c'est très fatiguant !

Tissaïa :

Tu montres une grande énergie, une agilité incroyable que je qualifierais de « très » ou « trop », je ressens vraiment cette vivacité en toi, tant tu ne tiens pas en place !

Vous êtes toutes comme cela ?

Isia :

Non, il y a des fées plus calmes que moi, mais là, je suis impatiente, je trépigne à l'idée de vous dire beaucoup de choses. C'est comme si toutes mes pensées voulaient s'exprimer en même temps, avec cet objectif de ne rien omettre dans les messages que j'ai à vous transmettre.

Tissaïa :

Tu ressembles à une enfant, je comprends que vous vous entendiez si bien.

Isia :

Pour me calmer, je vous emmène dans un endroit extraordinaire, magique et magnifique.

Pour me suivre, il vous faut juste votre « cœur d'enfant », suivez moi !

Fermez les yeux, respirez profondément.

Je vous conduis dans ce lieu où les Fées et les Licornes se régénèrent ; il arrive que d'autres êtres de la nature et animaux divers y viennent également se ressourcer.

Bien sûr nous y retrouvons toujours les êtres de l'eau, il y a une cascade et de grands bassins d'eau turquoise.

Ce lieu se trouve dans la clairière d'une forêt.

Entendez le chant des oiseaux, butiner les abeilles sur toutes ces fleurs aux multiples couleurs. Nous approchons de l'eau qui chante et nous guérit.

Dans le ciel, un bel arc en ciel, des nuages blancs galopent, les oiseaux dansent au gré du vent, les branches des arbres rigolent, les Licornes sèment de la poudre d'or sur leur passage, les fées se baignent et batifolent, certaines jouent de la harpe, de la flûte, d'autres dansent…

Goûtez à cette vibration de joie, de bonheur, de douceur ; un amour si grand nous enveloppe.

Les rayons du soleil nous traversent, nous brillons, nous étincelons, chacune avec ses couleurs.

Je suis heureuse de partager ce moment avec vous, laissez vous aller, rejoignez nous.

Tissaïa :

Ah, quel bonheur d'être là ! Est-il possible de rêver que notre terre ressemble à ce paradis ?

Bien heureusement, il existe encore quelques endroits enchanteurs où nous pouvons vous retrouver !

Ce lieu est très dynamisant et je comprends mieux bien sûr l'énergie qui t'anime.

Isia :

Tu vois, toi aussi tu dis « très » ; dans notre monde c'est souvent « très », très beau, très fort, très nombreuses….

Nous sommes « petites » en taille, mais très grandes en énergie et en couleurs !

Tissaïa :

Avez-vous vraiment des ailes ?

Isia éclate d'un grand rire, impossible de l'arrêter, sa bonne humeur est contagieuse, j'attends qu'elle se calme !

Isia :

Oui, bien sûr nous avons des ailes !

Nous ne sommes pas faites de matière comme vous, mais nos formes ont des ailes. Nous pouvons aussi nous transformer à notre gré, en fonction de nos besoins et pour notre sécurité.

Nous sommes des êtres assez fragiles et souvent naïves, ce qui fait que quelquefois, nous nous mettons dans des situations délicates.

Nous avons du mal à croire que le « mal » existe, alors il arrive que par manque de méfiance, fonçant tête baissée, nous rencontrions quelques dangers qui se révèlent sous forme d'énergies polluantes fort négatives, ou d'êtres venus du mal.

Heureusement, nos fiers et fidèles amis les archers (elfes) veillent sur nous. Je pense que sans leur vigilance, nous ne serions plus très nombreuses !

Par nature, nous avançons sans peur et par conséquent, souvent nos missions se passent bien.

Pour revenir à nos ailes : elles nous permettent de respirer, de nous déplacer autant que de faire du sur place, de virevolter, de transporter l'énergie, de jouer, de danser…

Elles nous permettent de tout faire, indispensables, nos ailes sont notre grande joie !

Lorsque tu fais tes soins et que tu nous appelles, sens ce « courant d'air » frais, cette légèreté, la gaieté qui t'accompagnent : c'est nous !

Tissaïa :

Oui, vous êtes souvent avec moi pendant les soins et je vous en remercie !

Peux-tu expliquer à mes semblables les magnifiques soins que vous nous dispensez quand nous vous appelons ?

Isia :

Oui bien sûr, certaines d'entre nous ont cette mission de guérisseuses, elles nous aident et vous aident également si vous le leur demandez.

Nos compétences sont multiples en fonction de nos origines.

En fait, nous nous ressemblons tout en étant différentes, ainsi nous sommes complémentaires et pouvons nous entre-aider selon nos valeurs.

Imaginez des escadrons de couleurs différentes qui partent pour une même mission.

Par exemple, ce peut être un lieu à dépolluer, nous aurons à nous occuper des fleurs, des abeilles butineuses, de l'air, de la joie à restaurer…

Nous intervenons à plusieurs escadrons, ainsi le travail est beaucoup plus facile et drôle, nous ressemblons à un arc en ciel, tellement nos couleurs vibratoires sont différentes.

Dans notre milieu, l'entraide est primordiale, une intervention isolée serait vite épuisée et totalement inefficace.

Tissaïa :

Quelle relation avez-vous avec l'eau ? Je sais qu'il est bien de vous en offrir.

Isia :

Oui, tu as raison, sans eau nous ne pourrions pas vivre, c'est par l'eau que nous nous nettoyons et pouvons récupérer nos forces.

D'ailleurs, nous ne pouvons pas rester longtemps dans des milieux secs, si vous souhaitez nous accueillir, prévoyez de l'eau, des fleurs, des arbres pour nous reposer.

Nous pouvons également nous déplacer aussi vite que la lumière, c'est tout un apprentissage.

Tissaïa :

Je me souviens d'une « expérience » extraordinaire avec les Fées.

Vous m'aviez confié 11 petites fées enfants. Elles sont restées avec moi plusieurs années et ne comprenaient pas notre monde de matière.

Par exemple, lorsque j'étais en voiture et que je ne pouvais pas avancer, bloquée dans un embouteillage, elles me disaient : passe à travers le camion !

Je leur expliquais que dans mon monde, ce n'était pas possible.

Elles ne comprenaient pas non plus que mes déplacements soient si lents ; si elles avaient décidé d'aller à la rivière, elles faisaient plusieurs allers-retours le temps que j'arrive.

Il y a eu plusieurs expériences de ce type, c'était drôle notre différence de matière !

J'ai vraiment été honorée de les avoir avec moi, jusqu'au jour où leur chemin d'évolution les a emmené ailleurs !

Isia :

Oui, je connais cette histoire.

Lorsque nous, petites fées sommes ensemencées, en fonction de notre évolution, nous vivons dans tel ou tel lieu, et sommes encadrées par différents êtres. Ceux-ci peuvent être des humains si nous devons comprendre la matière. Il est important que nous connaissions la façon dont vous vivez et que nous puissions appréhender votre matière, votre état vibratoire pour pouvoir ensuite travailler ensemble.

Tissaïa :

Nous vous représentons souvent en tant qu'énergie féminine, mais en fait qu'en est-il ?

Isia :

Nous appellerons cela une « fausse » croyance.

Ce n'est pas comme pour vous, nous ne sommes pas sexuées, nous sommes porteuses d'énergies. Elles peuvent être tantôt féminines, tantôt masculines, selon nos choix, et nos transformations au fur et à mesure de nos besoins.

J'imagine que c'est un peu compliqué à comprendre pour vous !

Nous choisissons beaucoup les énergies féminines, car c'est l'énergie qui fait le plus défaut à notre Planète Terre. Clin d'œil à Peter Pan qui fait partie aussi du monde des fées !

Nous sommes moins « cloisonnés » que dans votre monde, chez nous presque tout est possible, il suffit de croire en ce que l'on désire, et aussitôt pensé, aussitôt fait.

C'est aussi pour cela que nous compatissons avec vous ; lorsque vous désirez quelque chose, il faut souvent beaucoup de temps avant sa réalisation.

La faute à la matière certainement, mais pas que. Vos objectifs ne sont pas toujours clairs dans votre tête, vous réfléchissez trop avec votre mental : ce n'est pas la bonne cause, ce n'est pas le meilleur, mais quel est-il ?... Souvent, vous vous limitez, vous ne pensez pas assez avec le cœur.

Nos mondes sont proches mais tellement différents.

Cela nous rend triste de vous voir encore dans ces postures, nous aimerions vous apporter de la légèreté et de la joie !

Tissaïa :

Merci du fond du cœur au peuple des fées pour cette joie que vous nous communiquez.

Grâce à vous, le monde est « meilleur ».

Vous savez conjuguer vos différences, prions pour que nous puissions en faire autant !

Vous ne portez aucun jugement, vous enchantez la vie, notre vie.

Isia :

Merci Tissaïa, j'espère que nos messages vont faire grandir ton peuple qui est prêt à les entendre. Vous n'êtes pas seul, nous appartenons à un monde « invisible » à vos yeux, mais nous sommes bien là réellement.

Je te propose d'aller dans la nature, te rendre au lavoir près de chez toi te feras du bien.

Nous t'attendons auprès de l'eau.

Tissaïa :

Merci, encore un instant magique en votre présence.

Le chant de l'eau, les êtres de la nature et Mystic Dream (instrument de musique)

Je vais me reposer maintenant.

Isia :

C'est fatiguant pour le corps de voyager entre les mondes, bon repos.

Tissaïa :

Je remercie le peuple des fées guérisseuses de m'accompagner lors de mes soins, elles apportent la légèreté, la fraîcheur et surtout la joie de vivre.

Isia :

Hé oui, nous sommes là aussi pour vous, retrouvez vôtre âme d'enfant, votre vie n'en sera que meilleure !

Venez nous rencontrer au bord des rivières, des cascades, vous serez dans une meilleure énergie, la magie opère toujours !

Sur ces bonnes paroles, nous vous laissons en compagnie des Grandes Fées, nos "maîtresses", qui ont aussi quelquefois du mal à nous « canaliser ».

De grands éclats de rires accompagnent ces derniers mots !…

Les Grandes Fées :

Tissaïa, tu me connais bien, je suis la fée Viviane. Nous nous sommes rencontrées pour la première fois au bord de l'étang, à côté du château de Comper, à Concoret.

Puis, depuis quelques temps, nous avons dû cesser de communiquer pour nous protéger. Mais, actuellement, la situation est stabilisée, et nous pouvons reprendre nos échanges.

Comme vous le savez, beaucoup de légendes nous entourent, et ce sont elles qui font que nous ne tombons pas dans l'oubli. Les contes et les légendes valent mieux que le silence à jamais !

Nous sommes bien réelles, nous participons à l'équilibre de l'Univers.

Nos missions sont différentes en fonction de nos compétences, de notre savoir.

Pour ma part, je participe, entre autres, avec d'autres, à l'éducation et à la synchronisation des peuples de la nature.

La santé, la diversité de la nature font partie de l'équilibre général du système planétaire.

Lorsqu'une planète est en souffrance, en déséquilibre énergétique pour diverses raisons, tout l'équilibre du système planétaire est remis en cause, donc tout le système vibratoire.

Pour vous, êtres humains, votre mission est la reconnexion à l'essentiel, c'est à dire à vous même : votre âme, votre enfant intérieur, votre vous intime et supérieur.

Peu importe le nom que vous choisissez, cette renaissance à travers votre corps vous permet de retrouver vos connaissances ainsi que votre chemin d'évolution, chemin spirituel comme vous le nommez souvent.

Les Êtres de la Nature et nous les Grandes Fées sommes ici avec vous pour vous guider.

Nous sommes de grands « guérisseurs » de l'âme et du corps, c'est pourquoi nous prenons tant soin de notre Mère à tous, la Nature.

Respectez-la, respectez vous, écoutez la « petite » voix qui vous parle, entendez la vous dire qui vous êtes, ce que vous souhaitez dans cette vie, ce qui est bon pour vous et votre environnement.

Exprimez votre individualité, vous seul savez !

Vous n'êtes jamais seuls, sachez juste écouter le silence, votre respiration, votre souffle.

Nous sommes avec vous, nous vous aidons sur votre chemin, appelez nous, écoutez nos messages, suivez votre « intuition ».

Tissaïa :

Merci beaucoup Fée Viviane pour l'aide que vous nous apportez avec les Êtres de la Nature.

Peux tu nous expliquer quand et comment se passent vos « réunions » pour diriger et gérer tout ce « petit » monde de la Nature ?

Viviane :

Tout est très bien organisé et hiérarchisé de ce côté du voile.

Chaque décision est prise pour le bien de tous et chacun sait qu'il n'y a rien de personnel.

C'est ensemble que les grands projets se décident dans le but toujours de maintenir l'équilibre.

Notre objectif principal est le bien de tous. Chacun anime son « poste » avec Amour et entrain.

Nous avons toujours le choix de nos décisions.

Nous, les Grandes Fées sommes des énergies, nous voyageons entre plusieurs vibrations, plusieurs mondes, plus ou moins lointains de votre planète Terre.

Nous rencontrons régulièrement différents « acteurs » et échangeons sur l'équilibre du monde. Nous devons réajuster sans cesse les décisions prises, nous adaptons nos règles et les transmettons aux Êtres de la Nature en fonction des événements qui ont lieu sur un ensemble de planètes dont la vôtre. Nous faisons un peu comme toi, le lien entre les mondes.

Bientôt, vous serez de plus en plus nombreux à entendre et à voir les Êtres de la Nature car nos vibrations se rapprochent.

Nous avons également des « guides » pour poursuivre notre évolution, c'est pour cela que régulièrement nous changeons de vibrations et de mission.

Pour le moment je vous encourage à vous rapprocher de la Nature avec votre cœur, ce sont celles et ceux qui s'en occupent qui vous emmèneront vers votre guérison à tous, peuple des humains.

Le seul langage nécessaire est celui de l'Amour.

Comme vous le savez, ici aussi tout n'est pas facile, une partie « ombre » existe.

Pour l'instant ce n'est pas le sujet de ce livre, mais sachez juste que nous devons nous aussi faire attention et nous protéger afin de mener à bien nos missions.

Plus notre lumière est grande, plus nous avançons et mieux nous pouvons protéger ceux qui œuvrent avec nous. Il en est de même pour vous, croyez en l'Amour et votre planète redeviendra abondance, harmonie, beauté…

Chacun de vous est important. Continuez à croire en nous, en vous, c'est le message que nous vous transmettons aujourd'hui. Prenez le temps de rêver afin de créer un monde meilleur pour tous. Souvenez vous que chacune de vos pensées est créatrice, alors créez ce que vous souhaitez, en commençant par le rêve.

Je peux encore ajouter que nous croyons en vous, nous voyons que beaucoup d'êtres humains s'éveillent et commencent à se rappeler d'où ils viennent et pourquoi ils sont ici.

Nous avons conscience de vos difficultés, sachez que la Lumière est puissante, plus nous serons dans ces énergies de paix et d'Amour, plus nous serons « forts » pour partager nos connaissances.

Nous aimons particulièrement le message « un être qui s'éveille est une lumière qui s'allume », le Cercle des Fées a toujours continué à exister, au-delà des mots et des méditations.

Une belle graine a germé sur votre planète !

Lorsque vous lirez ce livre, ressentez les vibrations de chaque peuple de la Nature, sachez que vos connaissances se « réveillent », souvenez vous du « passé »…

Votre cœur est prêt à répandre l'Amour de la nature et de ses peuples, de chaque monde visible ou invisible à vos yeux.

Tissaïa,

Je laisse maintenant la parole aux autres Êtres de la Nature qui souhaitent s'exprimer à travers toi.

Isia :

Merci Grande Fée, nous sommes tellement heureuses que tu sois intervenue, que tu serves notre cause : nous réintégrer auprès des êtres humains.

Nous savons que la tâche est grande mais nous sommes sur la bonne voie.

A bientôt, nous sommes impatientes et attendons vos appels pour travailler ensemble.

Tissaïa :

Merci Isia, je ressens ton enthousiasme et il me fait du bien.

Vous avez encore de nombreuses choses à nous transmettre, au fur et à mesure de notre évolution à tous.

A bientôt, je sais que tu n'es jamais loin.

Chapitre 5 : Rencontre avec le Peuple de l'eau

Tissaïa :

J'attends maintenant quels Êtres de la Nature souhaitent me confier leurs messages.

Je ressens une fraîcheur, une énergie apaisante qui m'enveloppe, je ferme les yeux, écoute avec mon cœur.

Les Êtres de l'eau sont là, particulièrement une Sirène ainsi qu'une multitude d'Ondines.

C'est une sensation envoûtante.

A votre tour, je vous propose de prendre quelques instants afin de ressentir cette paix, le « monde du silence » est parmi nous !

Combien je suis heureuse de les accueillir, et par anticipation, enchantée à l'idée de recevoir les messages qu'ils voudront bien nous transmettre.

Je suis Vélhia, la porte parole des Êtres du peuple de l'eau.

Vous m'appelez Sirène et vos légendes me font beaucoup rire, ou m'effraient parfois.

Je n'ai encore jamais « croqué » d'hommes, ni ne les ai emmenés au fond des Océans.

Cependant, il est exact que nous avons pu nous lier d'amitié avec vous et que quelques histoires d'Amour ont été vécues entre une Sirène et un humain.

Nous sommes vos amis, nous pouvons vous aider, entre autres lorsque vous êtes en perdition.

Je ne parle pas que du monde physique, mais aussi énergétique, spirituel.

Pour moi il n'est pas facile d'exprimer avec vos mots ce que je souhaite vous transmettre.

Alors, laissez-vous bercer par le chant de la mer, le ressac pénétrera au fond de vous, au fur et à mesure de ce que vous lirez.

Nous sommes très proches de vous, l'eau est notre élément mais aussi le vôtre, car vous en êtes en grande partie constitués.

Les mémoires que vous portez sont dans l'eau de votre corps.

Lorsque vous immergez votre corps dans l'eau, un bien être vous saisit rapidement.

Certes, nous respirons différemment, nous évoluons dans des milieux différents, mais nous sommes très proches au niveau des informations cellulaires.

Nous nous connaissons depuis très longtemps et avons beaucoup « travaillé » ensemble dans d'autres temps.

Pour mémoire, je vous propose de vous détendre, de respirer profondément, de fermer les yeux.

Imaginez-vous au fond des mers, vous promenant en notre compagnie.

Notre chant vous accompagne, il vous aide à relâcher toutes les tensions de votre corps, vous vous sentez légers, si bien...

Nous croisons un grand nombre de poissons, de splendides coraux.

Un calme absolu nous entoure.

Restez ainsi aussi longtemps que vous le souhaiterez, revenez aussi souvent que besoin...

Notre monde est « guérisseur », nous vous débarrassons des « poisons » qui vous rongent.

Dans les poisons que vous portez, le stress et l'agitation de votre mental en sont les principaux.

Les effets secondaires de ces « poisons » sont : la tristesse, la colère, la frustration, les peurs et encore beaucoup d'autres états émotionnels négatifs que nous retrouvons dans les eaux après votre passage.

Nous sommes ici pour vous aider à vous « nettoyer » et donc à vous en débarrasser.

Nous transmutons et éliminons tous ces « stockages » inscrits dans vos différents corps : physique, émotionnel, mental.

Si vous pouvez aller vous baigner physiquement, c'est mieux, sinon il vous suffira de vous détendre, de nous appeler - même si vous êtes loin de la mer - et nous serons à vos côtés pour vous aider à vous débarrasser de ce qui vous empêche d'avancer. Sans le savoir par cette démarche, vous nous aidez à votre tour.

Car notre objectif est de vous éveiller à notre monde, sans lequel aucune vie ne peut exister.

L'eau pure est l'essence du Monde. L'équilibre du Tout, la vie même de la Terre passent par l'eau.

Qu'elle soit douce ou salée, elle est indispensable et se doit d'être aussi pure que possible. Il est par conséquent essentiel de la préserver.

Nous, les êtres de l'eau des mers ou de l'eau des rivières, avons des rôles similaires, à quelques détails près selon nos dispositions géographiques : mer, montagne, campagne, selon le débit ou l'importance des fleuves et des rivières.

Nous sommes également très liés à la vie sous-marine, à la faune et à la flore, ainsi qu'au monde minéral.

J'essaie d'employer votre vocabulaire, ce qui pour moi n'est pas évident.

J'espère surtout qu'en lisant ces lignes, vous saurez capter les images et vibrations envoyées !

Nous sommes tous différents en tant qu'Êtres de l'eau. On entend couramment Ondins, Ondines, Naïades ou Sirènes… Vous pouvez aussi nous appelez les Fées de l'eau, les Elfes de l'eau….

Pour nous pas d'importance, ce qui est réellement important, c'est de faire notre travail en gardant notre Joie et surtout notre Amour.

Je crois que « Amour » est le terme qui nous caractérise le mieux.

Notamment notre Amour de la « propreté » des eaux, nous participons ainsi à la vie, favorisons la fluidité pour tous.

Quand nos amis les poissons et Êtres de la mer souffrent, nous souffrons. Et bien sûr, vous aussi même inconsciemment, vous recevez ces souffrances car nous sommes tous liés, quel que soit notre règne d'appartenance et la dimension dans laquelle nous évoluons.

Ce qui nous tue ou nous rend malade, c'est la tristesse ; la tristesse d'être séparés injustement de nos amis et frères les poissons, de voir leurs habitats violés, saccagés, détruits.

Bien heureusement dans notre monde des Êtres de l'eau, nous avons aussi nos « portes secrètes » qu'aucun nuisible ne peut franchir. Nous pouvons nous ressourcer dans ces lieux sécurisés en toute quiétude, en paix.

Tissaïa :

Je te sens triste Vélhia, peut-on faire quelque chose pour toi et les Êtres de l'eau ?

Vélhia :

C'est vrai, parler de tout ceci me rend triste, nous assistons à toujours plus de dégradation dans notre milieu, ce qui nous met dans l'obligation d'exercer plus de travail de transmutation, de travail de guérison et c'est souvent épuisant.

Heureusement, nous sommes accompagnés par les grands mammifères marins qui nous transmettent les messages qu'ils reçoivent des autres mondes.

Par leurs sons, ils aident également au rééquilibrage de l'eau et à la transmission des informations.

Ces grands mammifères marins doivent impérativement être protégés, leur disparition serait une catastrophe pour notre planète et ses habitants.

C'est une des meilleures raisons pour laquelle nous devons à nouveau travailler ensemble.

Nous aimons beaucoup que vous chantiez pour nous, que vous jouiez de la musique, que vous riez.

Tout cela nous nourrit, nous anime, renforce notre énergie pour continuer.

Bref, je préfère m'arrêter de parler de ces grandes difficultés, juste un point sur lequel insister encore, que votre peuple sache que lorsqu'il détruit Mère Nature, il se détruit aussi !

Aujourd'hui, nous croyons fort en votre capacité à opérer les changements nécessaires, en espérant tout aussi fort que ce ne sera pas trop tard ... Il y a urgence !

Tissaïa :

Bon, je crois que dès à présent on peut tous se regrouper pour une méditation pendant laquelle chacun de nous enverra beaucoup d'Amour et de Lumière vers les Êtres de l'eau, les Océans, les rivières et tous ceux qui y vivent.

Je pense qu'il serait bon de la renouveler pendant plusieurs jours, qu'en penses-tu Vélhia ?

Je ressens la joie qui revient !

Vélhia :

Oui, merci vraiment !

Vous savez que le pouvoir de l'intention est gigantesque, il accomplit un travail phénoménal !

Je suis si heureuse de ce que vous faites, c'est pour nous tous !

Nous évoluons dans des dimensions différentes, ce qui situe nos mondes éloignés, et nous ne comprenons pas toujours comment vous vivez, à quoi vous passez votre temps ?

Pourquoi vous ne pensez pas à nous plus souvent ? Vous nous aideriez tellement...

Tissaïa :

Oui, c'est certain !

Il est évident que nous n'avons pas les mêmes priorités.

En tant qu'Humains, nous sommes très peu conscients qu'il est aussi important de passer du temps à envoyer de l'Amour et de la Lumière aux êtres de l'eau et aux êtres de la nature.

Tu sais, ce n'est pas dans notre éducation, notre culture, mais aujourd'hui, peu à peu il nous faut réapprendre à le faire en mesurant l'impact positif sur l'Univers, sur le Tout.

Aujourd'hui, des écoles incluent la méditation dans leurs programmes, c'est un bon début !

Vélhia :

C'est chouette, cela me rassure et me donne du « baume au cœur » selon votre expression.

Avant de laisser ma « sœur » des rivières s'exprimer, je souhaite vous redire au nom du peuple de l'eau combien l'Amour est la plus belle et la plus grande façon de guérir.

Nous vous aimons, nous sommes là pour vous aider.

Tissaïa :

Je te remercie Vélhia, nous vous aimons aussi et sommes également près de vous.

Coucou, je suis Ondine, la petite sœur des rivières, et très heureuse de venir partager avec vous tous.

Tissaïa :

Coucou Ondine, quel joli nom, je ressens ton énergie si joyeuse, si légère, tu es une fée de l'eau des rivières.

Ondine :

Oui, ma particularité est d'être toujours joyeuse, c'est ainsi malgré la gravité de ce que l'on peut vivre parfois !

Dans notre monde aussi, il existe de bons et de moins bons moments, j'ai choisi de les vivre tous du mieux possible et que la joie m'accompagne toujours.

A chacun de nous de choisir sa façon de vivre les choses !

Nous habitons également le milieu aquatique, mais notre travail est un peu différent de celui de nos sœurs des océans, surtout dans nos connexions avec les « plus hauts ».

C'est ainsi que nous appelons le lieu d'où nous parviennent les messages et les directives.

Nous sommes également très liées au monde de la mer car nous accompagnons nos rivières, nos fleuves, jusqu'à ce que nos eaux se mélangent, s'unissent dans une énergie commune.

Il est dans ma nature de beaucoup voyager, et mon caractère enjoué m'aide dans la rencontre de personnages singuliers et de situations cocasses et multiples.

Le fait de me déplacer énormément me permet d'agir lors de différentes situations et d'avoir un point de vue plus ouvert, c'est très intéressant !

Bon, assez parlé de moi, maintenant c'est à toi, des questions ?

Tissaïa :

Ondine, peux-tu nous dire en quoi consiste le travail du peuple de l'eau des rivières ?

Ondine :

Il n'est pas si différent de celui du peuple de l'eau de la mer, nous « épurons » l'eau afin qu'elle soit nourricière pour tous : les végétaux, les animaux, les êtres humains, et que la terre reste fertile.

Pour ce faire, nous avons des équipes spéciales ainsi que la grande Fée des quatre Vents qui nous aide dans la dépollution.

Nous sommes là surtout pour surveiller les bienfaits, la légèreté, l'oxygénation de l'eau.

Nous agissons également pour maintenir les bonnes relations entre les peuples qui vivent autour des rivières, quel que soit le monde auquel ils appartiennent.

Le travail est dense, car nous pourrions comparer nos berges et rivières à une immense ville où se côtoient beaucoup de peuples avec des besoins différents.

Par exemple, les arbres qui abritent les animaux, les oiseaux, les insectes, les peuples de la nature comme les nains, les lutins… les végétaux, les fées de l'air, les minéraux tels les rochers, les poissons, les coquillages et leur peuple ; nous vivons tous en symbiose, et nous devons veiller à apporter les bonnes vibrations afin que l'équilibre soit maintenu.

Notre secret de guérison est de toujours être dans la joie, même et surtout dans les lieux les plus pollués, quelquefois détruits.

De grands malheurs arrivent quand les rivières sont détournées ou quand des barrages sont créés : souvent l'eau vient à manquer, puis les inondations s'imposent et tout est emporté.

Nous devons alors rééquilibrer le lieu pour que la vie reprenne.

Lorsque vous allez dans un endroit et que vous vous sentez bien, en harmonie, c'est signe que toutes les énergies sont à leur place et l'équilibre maintenu.

Dans vos habitats, il en est de même, tous les éléments de la terre, de l'eau, du feu, de l'air et de l'éther doivent être en équilibre.

Si vous avez envie de chanter, de danser, de créer dans votre maison, c'est que tout est parfait, à sa place.

Tissaïa :

Cela parait simple en fait, il nous suffit de ressentir quelle énergie est manquante ou au contraire trop importante et de rectifier avec les éléments mis à notre disposition.

Ceci dit, pour nous ce n'est pas si simple, mais peut-être pouvons-nous vous demander de l'aide ?

Pouvez-vous sortir des rivières ?

J'entends un grand rire !

Ondine :

Bien sûr, nous adorons vous aider, faites appel à nous, un souffle de joie entrera dans vos maisons.

Nous sommes énergies, nous pouvons nous déplacer à notre convenance et quand c'est nécessaire.

Nous en parlons toujours entre nous avant de prendre une décision.

Nous pouvons ainsi mesurer sagement chaque situation et agir en étant en accord avec le grand Tout.

Dans notre monde, entre nous, tout est transparent, nous ne faisons rien dans un but personnel.

Notre seul objectif aujourd'hui est de vous remémorer que tout doit être fait en accord avec le Tout, pour engendrer le meilleur pour la planète et ses nombreux habitants de toutes dimensions.

Ces valeurs étaient les mêmes pour vous aussi avant « la chute ».

Ce que nous appelons « la chute », c'est la période où nous avons été séparés, alors très peu d'entre vous ont poursuivi notre collaboration.

Sachez que nous sommes totalement complémentaires, votre physique vous permet des travaux que nous ne pouvons pas réaliser, par contre, nous agissons sur des plans qui vous sont fermés.

Ainsi, chacun a besoin de l'autre dans l'intérêt de tous et surtout de la planète Terre.

Vos anciens le savaient bien. Même s'il reste encore quelques peuples reliés, trop peu écoutent. Certes, ils pourraient vous instruire mais sont très malmenés par vos pairs et n'avaient jusqu'alors aucune reconnaissance, donc aucune crédibilité. Tout a été fait pour qu'ils soient avilis.

Cependant, nous restons très optimistes et continuons à répandre la Joie.

Tissaïa :

Mais quel enthousiasme ! Quelle force, c'est extraordinaire !

Ne sentez-vous jamais cette joie vous échapper ? Et comment faites-vous alors ?

Ondine :

C'est très simple, nous prenons du repos dans un lieu haut en énergie, pur, qui nous ressource, nous ré-énergise, entourés d'êtres avec lesquels nous sommes bien, en accord.

Nous y restons le temps nécessaire et Hop, c'est reparti.

Tu vois, tout est si simple !

Tissaïa :

Merci Ondine

Pourrais-tu m'emmener dans un de ces lieux qui vous ressourcent pour nous faire toucher du doigt (selon notre expression) cette ambiance qui doit être magique ?

Ondine :

Bien sûr, très belle idée, viens, tu y seras bien accueillie.

Ouvre bien ton cœur, fais le sourire, suis moi...

A votre convenance, suivez-moi dans cette expérience...

Tissaïa :

Je me sens aspirée derrière une immense cascade, envahie d'une douce fraîcheur et si légère, la joie fait chanter mon corps.

La falaise dévoile plusieurs petites grottes, semblables à des niches aux teintes toutes différentes, lieux féeriques, la musique résonne de sons cristallins, du chant de l'eau, de la harpe et de bien d'autres instruments que je ne reconnais pas...

Je suis portée, transportée dans un autre monde où se côtoient une multitude d'êtres aussi magnifiques les uns que les autres. Ils m'apparaissent magiques, certains volent, d'autres sont posés sur des branches ou des rochers, d'autres encore sont sur ou sous l'eau...

De subtiles parfums me titillent, c'est à la fois enivrant et tellement délicat.

Un Amour immense s'immisce partout, dans chaque être, l'eau, l'air, en nous tous.

Puis, une fois bien accoutumée à ces énergies, Ondine me fait signe de la suivre sur l'eau, nous entrons dans ce qui ressemble à un vortex qui nous entraîne vers un monde sous-marin.

Je ne suis plus qu'énergie, mon corps ne ressent pas l'eau, ni le chaud, ni le froid, je suis en totale osmose avec l'élément eau, je suis eau.

Je croise des créatures angéliques, parfois de formes humaines, quelquefois plutôt animales, ou encore aux formes qui se transforment au grès du mouvement.

Nous arrivons dans un lieu qui me fait penser à une crique de sable blanc avec de grands arbres majestueux qui semblent sourire à notre arrivée.

Des sons accompagnent chaque mouvement, mais combien il est difficile de décrire avec nos mots ces instants si extraordinaires !

Au loin, j'entends chanter des baleines puis à ma grande surprise apparaît Vélhia, magnifique dans son aura de Lumière.

Aussitôt, elle me fait comprendre d'observer que tous les éléments se rejoignent : les arbres, les fleurs, l'eau douce et salée, l'air et les parfums s'unissant dans une parfaite symphonie.

Ce lieu permet d'accéder à tous les autres ; c'est une porte dimensionnelle.

D'ailleurs d'étonnantes créatures sont là, tels des licornes, des dragons, des serpents d'eau ou vouivres, chacune fait son chemin, suit sa direction.

Les lumières, les couleurs, les paysages sont fantastiques, quel bonheur !

Je ne sais combien de temps s'est écoulé quand Ondine me fait signe qu'il est temps de rentrer.

Nous remontons par le vortex, nous nous retrouvons à la cascade magique, et en quelques secondes, je reviens dans mon corps et retrouve notre monde.

J'espère vraiment que vous aussi en ouvrant votre cœur vous pourrez également vous rendre dans ce lieu magique !

Vous reviendrez de ce « voyage » le cœur aussi grand que l'océan, l'Amour décuplé pour toute la création, pour vous même !

Ondine :

Voilà, ce qui t'a permis de visiter un autre monde, il en existe encore tant d'autres...

Je suis intensément heureuse d'avoir pu t'emmener avec moi.

Pour nous, les Ondines, nos éléments guérisseurs s'appellent Joie et Amour, et c'est dans le partage de nos belles énergies que nous engendrons le Un, que nous retrouvons le Tout.

Tissaïa :

Je ne sais plus que dire, tellement ce voyage était … je n'ai pas de mot !

Que de beauté partout, et j'imagine ne pas être au bout de mes surprises !

A présent, il va me falloir un peu de temps pour « revenir » complètement sur notre terre, dans notre dimension et ses contraintes.

C'est avec une immense gratitude que je te remercie pour cette escapade dans votre monde.

Ondine :

Oui, pour vous Humains, avoir la possibilité d'accéder à d'autres dimensions est une démarche qui devrait s'inscrire dans un chemin de vie, mais je veux croire que petit à petit vous pourrez accéder à tous ces lieux. C'est en devenant de plus en plus transparents et purs dans vos pensées, dans votre cœur, que les portes sur d'autres mondes s'ouvriront...

Je laisse la place à celui qui attend à son tour de partager son monde : surprise !

Tissaïa :

Combien il est vrai, qu'à chaque fois, j'ai tellement de mal à vous quitter, tant nos rencontres sont des cadeaux riches et fascinants !!!

Merci, merci, merci, à bientôt…

Chapitre 6 : Rencontre avec le peuple des Dragons

Oulala, quelle surprise !

Le peuple des dragons est présent autour de moi, je ne m'attendais pas à les voir apparaître !

Je suis très heureuse de leur présence et impatiente d'entendre leur message.

Merci à toi de nous accueillir, nous n'avons pas toujours bonne réputation chez vous.

Je suis Inoha, un dragon de l'élément air et le porte parole pour mes semblables.

Tissaïa :

Je suis très honorée de te rencontrer, je ressens des énergies très fortes, puissantes.

Peux tu nous expliquer dans quelle vibration vous vous situez car je vous perçois sur un autre plan que les précédents êtres de la Nature que j'ai rencontrés.

Inoha :

Bien sûr, imagine une pyramide qui va des plus basses vibrations ou dimensions jusqu'aux plus hautes. Je ne souhaite pas vous décevoir, vous êtes situés presque en bas, ensuite il y a les animaux, les Êtres de la Nature, les Dragons, les Anges, les Archanges et les Maîtres ascensionnés, puis la Lumière Divine.

Je reprends des termes que vous connaissez, ce n'est pas simple à expliquer !

Dans chaque catégorie de peuple, il y a différents niveaux en fonction de l'évolution de chacun, ainsi chacun peut passer d'une dimension à une autre et s'adapter en fonction de son évolution.

Rien n'est blanc ou noir mais plutôt très coloré, ces différents mondes sont illimités et on y croise maintes sortes d'entités et de peuples. Il n'y a pas d'inférieur ou de supérieur, chacun est juste à sa place et dans le monde où il doit être. Le but étant de toujours évoluer en fonction du plan choisi.

Je ne suis pas le mieux placé pour aborder ce sujet, le mieux serait de s'adresser directement à cette énergie que l'on appelle la Source, la Lumière Divine….

En ce qui concerne mon peuple, nous évoluons dans différents milieux : l'air, l'eau, la terre ou plutôt l'intra-terre. Vous nous considérez souvent comme appartenant à l'élément feu car nous contenons beaucoup de ces particules. Il est impressionnant de voir comment vous nous représentez, un peu monstrueux, crachant du feu ; ce n'est pas vraiment exact.

Nous sommes des êtres purs et droits, nous prenons notre travail, nos responsabilités très à cœur et sommes au service du plus haut.

Nous sommes les gardiens de portails énergétiques et de hauts lieux, nous agissons dans notre vibration, dans notre espace si vous préférez.

C'est pourquoi vous pouvez rarement nous voir, mais si vous êtes attentifs, si vous vous élevez jusqu'à notre monde, nous faisons un « bout de chemin » vers vous, comme c'est le cas aujourd'hui, nous créons un espace pour nous rencontrer.

Dans chaque peuple, y compris le nôtre, il existe une hiérarchie et chacun d'entre nous a une tâche spécifique qui correspond à un domaine particulier.

Certains d'entre nous sont des guerriers et défendent nos espaces et les lieux sous notre protection, nous répondons à des ordres et n'avons pas comme habitude de les discuter.

Tissaïa :

Je perçois bien les mondes qui nous séparent, la différence d'énergie de nos mondes est assez difficile à expliquer.

J'ai la grande chance d'avoir rencontré des dragons à plusieurs reprises, quelquefois l'énergie était plus douce alors que d'autres fois, c'était assez »brutal ».

Peux-tu expliquer ces différences ?

Inoha :

C'est très simple, chez vous aussi il existe des personnes calmes et tempérées, alors que d'autres seront impétueuses et colériques !

Autant d'humains, autant de caractères et de comportements différents, dans notre peuple, c'est pareil.

Par ailleurs, en effet notre énergie est puissante et « condensée », nous n'avons pas comme habitude de « rigoler » avec la tâche qui nous incombe, nous essayons de rester efficaces sans traîner. Dans notre monde, c'est un mode de survie car les combattants face à nous sont également puissants.

Comme vous le savez, tout ce qui est en haut est en bas et ce qui est en bas est en haut, c'est à dire que quel que soit le monde dans lequel nous évoluons, il y aura des retombées sur les autres mondes.

De par notre situation, nous avons une vision très vaste sur l'ensemble des mondes et une compréhension élargie des différentes dimensions.

Par exemple, si nous ne maintenons pas l'ordre par notre mission de gardiens de certaines portes, les ennemis pourraient entrer et semer le désordre, voire le chaos total ; ceci entraînerait irrémédiablement la discorde jusqu'au chaos sur Terre.

Tissaïa :

Pour citer la petite expérience que j'ai eu avec vous, quand on vous appelle, vous faites du nettoyage, et alors les personnes humaines en situation, peuvent soudainement se disputer dans la mesure où cet état serait en elles latent.

Inoha :

Effectivement, certains dragons ne font pas dans la « dentelle », cela me fait rire. Lorsque vous faites appel à nous, c'est pour régler souvent des conflits ou nettoyer des lieux, nous faisons notre travail, seulement sur votre demande.

Comme je l'ai déjà dit, nous sommes rapides et efficaces, ce qui peut provoquer des dommages collatéraux, mais ceux-ci auraient eu lieu de toute façon. Quand nous repartons, la situation est généralement réglée.

Notez que vous ne devez pas nous déranger pour des broutilles ou changer d'avis en cours de route, faites votre propre expérience, vous ne recommencerez sûrement pas deux fois !

Je t'ai déjà entendu dire : on ne joue pas avec le feu, c'est le cas avec nous.

Tissaïa :

Je respecte tout à fait ce dernier point !

Mais comment sais-tu ce que j'ai pu dire Inoha ?

Tu ne faisais par partie des dragons que j'ai rencontrés !

Inoha :

Tu me fais bien rigoler !

On ne vous a jamais expliqué que toutes vos pensées, vos intentions, vos mots, vos actions sont inscrits autour de vous, nous pouvons tout lire, comme dans un livre.

Ce n'est pas écrit avec des mots, car il n'y a que dans votre dimension que l'on utilise la parole, c'est inscrit comme une partition de musique énergétique. Dans nos dimensions où tout est « transparent » chacun peut voir, ressentir l'autre, connaître ses intentions, ses pensées…

Tissaïa :

Il est donc très important de mesurer nos paroles, nos pensées, nos actes car les répercussions peuvent être grandes pour notre évolution, notre avenir.

Si tout reste inscrit autour de nous, est-ce immuable ou pouvons nous changer ces données inscrites quand nous changeons nos pensées, nos intentions par exemple ?

Inoha :

Oui, bien sûr, tout peut toujours changer, évoluer !

Il suffit de revenir sur chaque parole, chaque pensée ou chaque acte pour pouvoir les modifier.

Le problème est que par nature, vous parlez et pensez trop, donc vous ne pouvez pas vous rappeler de tout, et ainsi vous vous alourdissez et traînez de vieilles « choses » qui vous plombent.

Si je peux vous donner un conseil : allez à l'essentiel et faites le avec votre être intime, votre cœur.

Tissaïa :

Oh ! Toutes ces fortes énergies me font « tourner la tête », tant elles sont puissantes !

J'ai l'impression que mon sang circule à vitesse grand V comme dans une machine à laver.

Pourrais tu faire plaisir aux lecteurs en les emmenant faire un saut dans votre Monde ?

Quant à moi, j'aimerais bien voler avec toi, est-ce possible ?

Inoha :

D'accord, mais ne te plains pas ensuite si tu es fatiguée...

.Tissaïa :

J'assume, je sais que ce voyage va être extraordinaire !

Inoha :

Parfait, allons-y !

Commencez par vous détendre, vous ouvrir à « l'impossible », à un monde illimité vu de chez vous.

Ayez confiance en moi, en mon peuple, le peuple des dragons.

Vous fermez les yeux et entrez dans un rêve ; ce monde où tout est possible.

Vous êtes situés sur fond d'un grand ciel bleu, vous flottez au milieu des nuages blancs, tout est calme, seul le silence règne.

Au loin, vous apparaît un dragon aux couleurs de l'arc en ciel, il s'approche de vous.

Vos yeux plongent dans les siens, tout est dit ; vous ne faites plus qu'un, les mêmes vibrations vous unissent.

Il vous fait comprendre de monter sur son dos, ou si vous préférez vous pouvez lui donner la main, ce que vous faites avec confiance.

Vous êtes prêt pour ce beau voyage à travers ces contrées magiques.

Vous volez avec lui, vous découvrez des paysages fantastiques, inconnus, laissez vous guider, laissez vous vous émerveiller.

Vous passez dans des grottes, vous ressortez au milieu des océans, vous replongez et ressortez au milieu des montagnes, c'est un balai sans fin d'élévations et de plongeons au travers de l'espace.

Vous croisez des êtres connus, inconnus dans toutes sortes de « corps », des couleurs infinies, un air parfois chaud ou plus frais selon l'endroit traversé.

C'est vous qui fixez le temps de ce voyage ; pour en revenir, il vous suffit de le demander au dragon qui vous accompagne.

Nous le peuple des dragons vous remercions pour votre confiance.

Tissaïa :

Wouahoo… ça « décoiffe » comme on dit !

Quel atterrissage, amerrissage aussi, quelle vitesse, quels paysages époustouflants…

C'était fabuleux et magique, un grand merci à toi Inoha.

Une pause s'impose à présent pour intégrer ce voyage.

Le « feu » n'est pas qu'une légende, dans tout les sens du terme : chaleur, dynamisme, rapidité…

Inoha :

Heureux que ce voyage t'ait « décoiffé » ainsi qu'à vous lecteurs.

On recommence quand vous le souhaitez, nous avons tellement de lieux à vous faire découvrir.

De plus, ce n'est pas qu'un simple jeu, chaque lieu où vous passez en notre compagnie fait travailler des « mémoires », pénètre dans votre corps et participe à vous éveiller.

Je vous conseille après un tel voyage, le repos, le calme et surtout d'éviter les personnes avec qui vous seriez susceptibles de vous « fâcher ». Ce sont quand même des énergies de feu !

Tu sais, chez vous, vous avez des films qui sont « inspirés » de cette réalité.

Tissaïa :

Se déplacer sans voiture, quel bonheur !

Crois tu qu'un jour dans notre dimension terrestre cela arrivera ?

La téléportation avec son corps, pas uniquement avec son esprit !

Inoha :

Oui, tout dépend à quelle vitesse ton peuple avance !

Je ne veux pas te décourager, mais certainement pas pour demain de votre calendrier !

Vous avez encore tellement à faire, vos croyances limitantes vous freinent alors que tout est possible dans l'illimité.

Un autre conseil : ouvrez vous à l'inconnu, acceptez que d'autres mondes et d'autres vies existent ailleurs que sur votre terre et sans vouloir être naïf : vivez dans l'Amour !

Tissaïa :

Pourquoi parles-tu de naïveté ; je me sens un peu concernée !

Inoha : Rien n'est caché, souviens toi !

Lorsque tu as rencontré « l'ombre », tu as nié qu'elle existait et qu'elle pouvait se cacher sous bien des formes ; tu as donc été naïve !

Tissaïa :

Pas d'accord, puisque je ne savais pas !

Inoha :

Tu as été prévenue, tu n'as pas su écouter !

Tissaïa :

Bien d'accord, maintenant, j'en suis sortie plus forte et cela m'a permis de découvrir d'autres forces en moi.

Inoha :

Toujours le même problème avec vous les humains, il faut souvent que vous passiez par la souffrance pour vous découvrir.

Vous pourriez simplifier les règles : j'écoute et j'agis, je me respecte et je m'écoute.

C'est simple et ça marche, essayez !

Tissaïa :

Es-tu souvent confronté à « l'ombre » ?

Inoha :

C'est un peu mon métier, et comme vous le savez, l'ombre est proportionnelle à la puissance de la lumière avec des enjeux territoriaux et cosmiques.

Je ne peux pas t'en dire plus sur nos missions, cela mettrait en difficulté la stabilité de l'univers.

Tissaïa :

Parfait, de toute façon, ce n'est pas le sujet du livre.

Ma mission est de vous faire connaître et reconnaître par le plus grand nombre, au mieux par tous.

Comment peut-on vous remercier de tout ce que vous faites pour nous protéger ?

Inoha :

En pensant à nous, en nous parlant, ne serait-ce qu'en pensée, n'oubliez pas que nous pouvons également être de bon conseil.

Tissaïa :

Encore un immense merci pour être venu nous voir, nous avoir fait voyager dans votre dimension, d'accepter de participer à la réalisation de ce livre sur les Êtres de la Nature...

Quel bonheur d'être avec toi et ton peuple !

Inoha :

Je vous souhaite à tous un beau chemin, une magnifique évolution, nous nous retrouverons, à bientôt amis de la Terre.

Chapitre 7 : Rencontre avec le peuple des Gnomes

Cela fait maintenant quelques jours que je ressens la présence du peuple des Gnomes.

Pour ma part, je me sens enveloppée par énormément d'amour et de protections.

Le peuple des gnomes :

Eh oui, nous sommes bien là aujourd'hui avec toi !

Nous avons mis du temps à nous mettre d'accord sur notre présence ou non.

Moi, on me nomme Alchazar ! C'est un peu compliqué, ce nom vient de très loin, je sais qu'il a une consonance inhabituelle chez vous.

Si mon peuple a si longuement tergiversé avant de prendre la décision de venir, c'est que nous avons beaucoup « souffert » au cours de ces dernières lunaisons.

Nous nous sommes sentis très seuls, délaissés, abandonnés par votre peuple.

Avant cette difficile période, nous étions très complices et souvent le gardien de vos demeures.

Comme nos amis le peuple des dragons, nous sommes les gardiens de portes, mais pas les mêmes, et toujours dans des dimensions différentes.

Nous sommes près de vous, en fait dans une dimension toute proche ; nous sommes voisins d'énergie comme tous les êtres de la nature.

Nous sommes considérés par vous comme des êtres de la terre, ce qui n'est pas entièrement faux !

Nous sommes également en relation avec le monde de l'air afin de connaître nos postes et missions.

Nous ne prenons pas plaisir à entendre de votre part que nous sommes des êtres piquants et bourrus !

Nous le devenons seulement quand nous devons protéger les lieux des indésirables, ou dans les moments où nous ne souhaitons pas échanger.

Tissaïa :

Je considère avoir beaucoup de chance avec vous, vous me renvoyez énormément d'amour jusqu'à en pleurer parfois, tant cet amour est énorme.

J'ai une amie qui fondait en larmes à chacune de vos rencontres, tellement l'amour qu'elle recevait était immense !

En tant qu'humains nous ne sommes pas habitués à autant d'amour, c'est extraordinaire de vivre ce partage avec vous.

Alchazar :

Nous sommes en effet des « boules » d'amour pour qui sait nous charmer, pour qui a un « cœur » pur et de bonnes intentions envers nous.

Nous avons le pouvoir de « scanner » ceux qui s'approchent et passent devant nous, nous connaissons donc instantanément leurs intentions et leur état d'être.

En fonction des rencontres, notre vibration change et s'adapte à la vibration proche de nous.

N'oublions pas que nous sommes là pour protéger des lieux de nature, portes, maisons, grottes….

Ce sont des éléments que vous connaissez dans votre monde, mais nous sommes également gardiens de lieux invisibles à vos yeux et qui ont une grande importance pour l'équilibre du Tout.

As-tu des questions particulières ?

Tissaïa :

Oui, il est vrai que je vous trouve pour ma part soit très agréables, soit indifférents à notre passage, un peu comme « muets », peux-tu nous expliquer ces changements de comportement ?

Alchazar :

Bien sûr, nous sommes tous différents aussi dans notre peuple, certains souhaitent plus ou moins échanger et s'épancher sur vous, d'où ces attitudes divergentes.

En règle générale, nous ne sommes pas de grands bavards, mais par contre, de grands observateurs et de grands « analyseurs », je ne suis pas sûr que ce mot existe chez vous, mais je sais que vous pouvez le comprendre.

Pour notre défense, il est vrai qu'il fut un temps où notre monde a fait énormément d'effort pour entrer en communication avec le vôtre, et malheureusement, de déception en déception, nous nous sommes lassés jusqu'au point de cesser de vous solliciter.

Nous avons beaucoup souffert du rejet et de l'indifférence soudaine de votre peuple. Nous étions alors très proches, souvent vous nous demandiez de protéger vos foyers en échange de reconnaissance, de partage de temps ensemble, d'offrandes de fleurs….

Et puis, plus rien, nous n'existions plus pour la plupart d'entre vous. Nous avons vu des scènes effroyables et incompréhensibles à nos yeux.

Nul n'a pris la peine de nous expliquer ce qui se passait, pourquoi ces changements à notre encontre, et donc nous l'avons très mal vécu !

Tissaïa :

Je suis très peinée par ce que tu me dis et comprends mieux votre silence.

Je pense que tu parles de la « période » où les « sorcières » ont été brûlées, les femmes guérisseuses chassées et violentées ?

Alchazar :

Oui certainement, cela ressemblait à ce que tu décris.

Les enfants étaient arrachés à leurs mères, les hommes étaient tués, des populations entières étaient bafouées, martyrisées... images et ressentis insoutenables pour nous tous !

Nous avons vu et réalisé l'horreur dont votre peuple était capable.

Ensuite, nous avons assisté impuissants à des destructions massives de la nature et de lieux sacrés, impliquant pour nous une perte de confiance et une grande méfiance, nous rendant tristes et plein de doutes sur nos relations à venir.

Ce qui nous décide à revenir vers vous, ce sont les âmes pures qui nous appellent, notamment les enfants qui sont différents, qui comprennent, nous voient, nous parlent.

Tissaïa :

Crois-le, je ne suis pas toujours fière d'appartenir au peuple des humains. Je connais les atrocités commises, incompréhensibles et continues entre peuples d'humains, envers les animaux, et le monde de la nature en général.

Cependant, aujourd'hui, j'ai l'espoir de voir ce monde changer, tendre vers un monde meilleur, car je rencontre de plus en plus de personnes qui s'ouvrent et éveillent leur conscience.

Alchazar :

Absolument, et c'est pourquoi nous prenons actuellement la décision de venir à vous, à nouveau, et de nous montrer.

Tissaïa :

J'en suis vraiment très heureuse !

Bref, forts de ces perspectives, peut-on envisager de passer à une « ambiance » plus légère ?

Alchazar :

Avec grand plaisir, vous le méritez après toutes ces souffrances !

Nous vous aimons, et comme tu le sais nous sommes des êtres d'amour !

Pour te le prouver, je t'invite dans mon « monde » ainsi que tes amis lecteurs.

Je sais qu'une préparation vous est nécessaire en tant qu'humain : respirez, faite le « vide » en vous, détendez vous... Je vous emmène, suivez moi !

Sentez la chaleur du soleil sur votre corps, tout autour de vous, prenez le temps de réchauffer tout votre être.

Voyez le rayon rose de l'amour, le rayon blanc de la pureté, descendre sur vous, inonder votre lieu, respirez cet amour, cette blancheur unique qui vous entoure.

Laissez votre « cœur » se gonfler d'amour, irradier tout autour de vous, alors tout devient magnifique, magique.

Bienvenue chez moi !

Sentez les arbres respirer, entendez les pierres susurrer, une pluie d'étoiles vous berce, tout devient lumineux, vous êtes légers, vous appartenez au tout, vous êtes le tout.

L'univers vous enveloppe à la façon d'un gros câlin, quel bonheur !

Votre être entier se souvient de cet amour dans lequel vous étiez tous jadis, avant de venir sur Terre.

Pendant ce « voyage », vous rencontrez une créature attachante, un Gnome, il vous prend dans ses bras, vous êtes à nouveau amis.

Il vous fait comprendre qu'il peut vous éclairer sur votre mission de vie sur terre, ce pourquoi les humains sont venus.

Il vous berce jusqu'au laisser aller de votre entièreté (être entier).

Vous vous souvenez alors de qui vous êtes, votre mémoire revient, c'est un état profond d'amour pour vous et pour l'univers.

Vous restez ainsi le temps qu'il faut. Lorsque l'on se sépare d'un ami, on sait intuitivement que l'on peut compter sur lui, qu'il peut venir nous chercher, qu'il peut nous accompagner, il suffit simplement de le lui demander.

Que chacun s'approprie cette expérience pour la vivre à son tour

Tissaïa :

Quel extraordinaire voyage dans cet écrin d'amour.

Je comprends que votre arme de guérison soit l'Amour sous vos airs silencieux, vous ressemblez à Bouddha, tellement plein de compassion, de sagesse.

Notre vocabulaire est pauvre pour exprimer les ressentis, le partage de votre grandeur tellement plus parlant, immense.

Un grand grand merci à vous, peuple des Gnomes.

Pour que nos peuples se réunissent à nouveau, que peut-on faire ? Quelle mission pour nous ?

Alchazar :

Nous inviter chez vous, un rebord de fenêtre accueillant nous sied à merveille.

Quelques mots en passant devant nous, du temps avec nous, ce serait déjà beaucoup !

Nous sommes là pour vous aider, nous souhaitons revenir vers vous, l'ère du « changement » a commencé, pour le bien de tous.

Cela prendra encore du temps, nous sommes prêts !

Il est exact que nous sommes peu bavards, le silence est notre façon d'être en relation avec le tout, mais nous sommes très patients, l'immobilité et la contemplation sont nos qualités premières.

Sachez nous aimer comme nous vous aimons, retenez surtout que l'Amour est guérisseur pour tout et tous. Chaque décision prise doit être considérée avec Amour.

Chez vous peuple des Humains, nous constatons trop souvent un vrai manque d'Amour, vous ne vous aimez pas, ou si mal...

Je m'explique : si vous devez prendre une décision, vous le faites régulièrement avec votre tête, souvent par habitude, en fonction de vos postures éducatives, rarement avec le « cœur ».

De ce fait, vous négligez totalement l'acteur principal, c'est à dire : Vous !

Alors que le seul qui soit à prendre en considération c'est Vous, votre moi intérieur, intime.

Apprenez à réécouter cette partie de vous, cette intuition qui vous parle chargée d'Amour, celle même qui contient toutes vos connaissances, votre sagesse...

A partir de là, vous pourrez accéder à tout ce que vous désirerez avec le « cœur », et votre chemin de vie se déroulera comme une évidence.

Il me semble que ceci est déjà une belle mission de vie pour commencer ! Non ?

Vous qui aimez méditer, voici un beau sujet : « aller chercher son vrai moi au fond de soi »

Nous sommes là pour vous aider.

Avec tout notre Amour...

Tissaïa :

C'est magnifique ! Une immense gratitude à vous de nous réapprendre ces bases, de nous réorienter sur le chemin de l'Amour.

En fait, nous le connaissions, à nous de le retrouver !

J'espère que nombre d'êtres humains vont vous faire honneur et reprendre l'alliance avec vous.

Je souhaite à nouveau beaucoup d'Amour entre nos peuples !

Chapitre 8 : Rencontre avec les Êtres Illimités

Tissaïa :

Aujourd'hui, les énergies que je ressens sont très particulières.

Beaucoup d'Êtres de la Nature sont autour de moi, ils sont tous différents, à quelques exceptions, nombreux sont ceux que je n'ai jamais rencontrés !

Souhaitons-leur la bienvenue et laissons-leur la parole...

Êtres de la Nature :

Merci Tissaïa, en effet, tu connais certains d'entre nous, mais pas tous.

Je me nomme Tuati, prononcer Touati : toi et moi dans ton langage, c'est drôle car je suis deux.

Je vous expliquerai plus tard, pour l'instant, je vais vous dire qui nous sommes.

Nous avons noté que vous nous avez classifiés d'êtres de la terre, de l'air, de l'eau et du feu ; ce qui est exact pour certains d'entre nous. Seulement, pour nous ici présents maintenant avec vous, c'est plus complexe que cela.

Nous souhaiterions que vous laissiez de côté tout ce qui est « classifications ou cases ».

Certains d'entre nous, jamais cités par vous et/ou dans vos légendes peuvent appartenir à différents espaces : terre/eau, air/terre, air/eau, feu/air, feu/eau…

Souvenez vous que l'illimité est partout et aussi dans notre dimension.

Certains êtres vous ont expliqué dans quels lieux ils œuvraient, et vous les avez suivis dans leurs voyages au cours desquels ils traversaient différents plans (éléments).

Tissaïa :

Effectivement, j'ai déjà rencontré des Êtres du sable à la dune du Pyla, ils passaient sous la dune pour rejoindre la mer. Je dois dire qu'ils étaient assez mystérieux, un peu « extra-terrestres » pour moi !

J'ai aussi rencontré des Êtres des rochers qui vaquaient entre les minéraux, les algues et la mer.

Tuati :

Voyez vous, nous avons tous des dimensions, des énergies et des formes différentes, je ne suis pas sûr qu'une seule vie suffirait à tous nous rencontrer.

Par contre, notre mission commune est l'équilibre de la nature et de tous ses peuples.

.Nos tempéraments sont multiples, nos espaces de vie aussi, ainsi que nos hiérarchies.

Nous travaillons à vivre ensemble malgré nos différences et les priorités de chacun.

Nous apprenons à cultiver la tolérance et à privilégier les échanges afin d'accorder nos différends.

Tissaïa :

Peux-tu nous donner un exemple sur vos différends ?

Tuati :

Lorsque nous sommes sur un même espace pour vivre ou pour mener à bien une mission, nous devons nous accorder afin de ne pas nous gêner dans nos démarches.

Nos vibrations sont différentes et parfois la « co - habitation » peut être difficile.

Chaque Être a son caractère, ses particularités, comme vous en tant qu'humains.

Tissaïa :

Oh oui je vois bien sûr, et vous y arrivez toujours ?

Tuati :

Cela prend parfois du temps, mais je peux dire que oui, nous trouvons des solutions pour que chacun puisse exprimer son point de vue et trouver une issue favorable à tous.

Parfois, il arrive que nous devions nous séparer, ce qui constitue notre compromis.

Notre hiérarchie nous guide et nous conseille pour que tous nous devenions des êtres meilleurs.

Tissaïa :

Nous devrions sans conteste prendre exemple sur vous.

On peut comprendre que nous sommes tous différents et que nos priorités diffèrent, mais à nous d'apprendre comment vivre ensemble, ce serait tellement plus simple si nous pouvions tous vivre dans l'Amour avec un grand A, être tout simplement bien et vivre en harmonie avec tout ce qui nous entoure.

Tuati : Exactement !

Je t'ai envoyé des images par la pensée, afin que tu puisses voir comment nous sommes.

Tissaïa :

Je ressentais des énergies totalement différentes entre vous tous, les formes que vous avez sont incroyables et ne ressemblent à rien de connu dans ma mémoire.

Vous changez sans arrêt, c'est pour cela que vous êtes difficiles à identifier pour notre cerveau !

D'accord, l'illimité : je m'ouvre !

J'en perçois certains qui prennent la forme d'animaux, là, un lézard...

J'entends rire Tuati, d'une voix assez grave très particulière : d'accord, l'illimité.

Je m'aperçois que lorsque je ne connais pas, c'est plus difficile d'analyser et de comprendre ce qui se passe : serait-ce une des limites du cerveau humain ?

Le doute s'installe, je le chasse et reprends avec Tuati.

C'est perturbant de ne pas connaître !

Tuati :

Pourquoi tout compliquer, lâche comme vous dites si bien chez vous, laisse-aller, écoute, ressens avec ton cœur.

Si besoin, tu peux aussi nous classifier, nous mesurer, nous mettre dans des cases, mais je sais que tu ne le feras pas, tu es une « intuitive », tu gardes confiance.

De plus, cela ne servirait à rien, sinon à rassurer une partie de ton fonctionnement, car à chaque tournant du chemin, tu rencontreras de nouveaux êtres non inscrits dans les livres.

Le plus important à vivre pour nous tous, ce sont les rencontres, les partages.

Je sens que tu te détends, tu t'habitues à nous.

Vois-tu, lorsque vous ne connaissez pas, un mécanisme de « défense » se met spontanément en route pour beaucoup d'entre vous. Chassez vos peurs, changez ce réflexe et le monde ira mieux.

Imagine, si nous, êtres de la nature étions racistes, avec toutes nos différences ce serait l'apocalypse !

Au contraire, nous sommes là, tout comme vous pour nous unifier.

Nous pourrions parler longtemps de ce sujet car nous avons une lourde expérience de luttes de pouvoir, de castes, injustes et tellement plus encore...

Ce sont l'Amour et la tolérance qui nous ont sauvés. Aujourd'hui nous sommes sur le « chemin » et nous pouvons vous aider à guérir vos peurs et vos colères.

Suis-moi avec tes semblables, je vous emmène dans un lieu qui va vous faire vivre et comprendre certaines choses.

Tissaïa :

Impressionnée mais partante !

Fermez les yeux, respirez profondément, détendez vous...

Vous arrivez dans un espace, une sorte de grande grotte, avec une lumière jaune, au centre un immense cristal de roche irradie. L'atmosphère est légère, vous respirez un doux parfum, mélange d'épices, d'agrumes, de fleurs.

Autour de vous des êtres sont rassemblés par petits groupes et échangent, pourtant aucun son ne sort de leurs lèvres. Vous observez ces êtres aux formes, aux couleurs, aux tailles différentes, chacun irradie la joie, l'harmonie en lui même et avec les autres.

Vous êtes à présent totalement détendus.

Au-delà de cet espace, vous apercevez une autre salle de couleur violette, vous y êtes attirés et vous y découvrez une immense pierre d'améthyste au centre qui illumine le lieu.

Et là, toujours de petits groupes d'êtres tous différents, joyeux, bercés par une musique angélique.

Puis suit un enchaînement de salles, avec d'autres cristaux, d'autres peuples, vous vous sentez bien parmi eux.

Restez, visitez, imprégnez vous de cette atmosphère si particulière, à votre rythme, le temps nécessaire, puis revenez dans votre corps intégrer tous ces messages de partage, de sagesse, d'harmonie et surtout d'Amour !

Tissaïa :

Magnifiques lieux où tu nous as emmenés.

Quelles diversités d'énergies pénétraient mes cellules, mélange d'êtres qui partageaient cet instant magique, tout semblait fluide, évidemment simple !

Tuati :

Oui chère Tissaïa, tu as vu, dans les lieux où les énergies sont belles, l'entente entre les êtres est parfaite : notre mission serait d'apporter cette harmonie sur notre Terre !

Tissaïa :

Je vais intégrer cette leçon afin d'être et de recevoir l'illimité dans tout !

Peux tu nous expliquer Tuati : être deux, c'est ce que tu es ?

Tuati :

Incrédule que tu es ! Nous sommes tous deux, trois….

Des parties différentes sont en nous et s'assemblent pour faire qui nous sommes.

Quelquefois, une prend le dessus sur les autres, à l'ensemble de voir si cela lui convient, sinon nous devons changer quelque chose à notre comportement, nous remettre en question.

Tissaïa :

Je crois savoir où tu veux en venir, dis moi si je me trompe !

Au départ, je me connais comme Muriel (partie de moi qui depuis mon enfance est dans cette vie, sur notre Terre), puis, au fur et à mesure, je découvre en moi d'autres facettes : Tissaïa (celle qui lie les mondes), Nahawak (celle qui joue du tambour et chante).

Aujourd'hui, une partie de moi écrit, une autre dessine...

Tuati :

Bingo, c'est exactement ce que je voulais te faire comprendre.

Nous avons tous en nous des parties différentes et complémentaires, à nous de les redécouvrir !

Toutes ces fractions forment toi et tu n'es pas au bout de tes « trouvailles ».

Pour chacun de vous c'est pareil, c'est quand vous êtes vous-même dans votre « entièreté » que votre soi se sent bien et à sa place.

Tissaïa :

Je ne pensais pas qu'écrire avec toi m'entraînerait à cette discussion.

Je t'entends : l'illimité !

Tu peux m'en dire plus sur les noms, pourquoi à chaque facette, un nom.

A un certain moment, je ne savais plus trop qui j'étais d'ailleurs !

Tuati :

Les fées ont marqué ton entrée dans les mondes avec Tissaïa, la femme chamane avec Nahawak, ton nom de naissance Muriel, mais tout cela n'a aucune importance, le fait est de s'accepter, de retrouver ses mémoires afin d'aboutir à un être entier et complet.

Être heureux en étant soi-même, l'essentiel est là : être soi, s'aimer pour ainsi aimer les autres, c'est vraiment ce qui va vous donner confiance en vous et confiance en la vie !

Tissaïa :

Je comprends : accepte-toi tel que tu es, et tout devient possible !

Un beau parcours à la rencontre de qui nous sommes vraiment, ouvrir des portes, aborder différents mondes, comme avec toi. Superbe chemin parsemé de belles surprises !

Tuati :

Je veux insister sur un point, je veux vous dire à tous, qui lisez ces lignes : ne vous limitez pas, ni dans vos croyances, ni dans vos rêves, ni dans vos actes ; ayez ce courage d'être vous mêmes (m'aime) !

Je salue affectueusement chacun d'entre vous.

Tissaïa :

Nous aussi te saluons, merci ! Quelle belle rencontre inattendue !

Je souhaiterais à présent vous parler d'une rencontre que j'ai faite en Bretagne, au bord d'une rivière qui se nomme la Flora. Le long de cette belle rivière, s'épanouissent des arbres, de grandes herbes et des plantes dont je ne connais pas le nom.

Assise sous un chêne, je n'attendais rien, lorsque tout à coup, un être de taille et forme assez grande est venu me parler.

Il sortait d'une plante toute proche de l'eau, son visage était un peu triangulaire, il avait les bras très longs, un yéti miniature !

Nous nous saluâmes, puis il prit la parole.

Je te connais, tu viens ici quelquefois, tu parles avec l'eau et les arbres, c'est pour cette raison que je me montre à toi, je pense que nous pourrions échanger.

Tu peux me nommer Felanga car je réagis aussi vite qu'un félin et possède de grands bras qui me permettent de faire énormément de choses, mes phalanges sont également très longues et mes ongles sont en forme de griffes. Nous sommes totalement différents sur le plan du corps physique, par contre nos corps spirituels ont des parties communes, surtout une : la reliance avec l'Univers.

C'est drôle, tu n'as pas l'air d'avoir peur de moi, le peu de fois où je suis apparu à un humain, il a accéléré le pas, il s'est même mis à courir comme s'il avait vu le diable.

Je reconnais que mes grimaces peuvent faire peur, cela nous fait rigoler mes amis et moi.

Tissaïa :

Je te remercie de me faire confiance et de m'avoir évité tes drôles de grimaces !

Je cherche juste à mieux vous connaître et suis toujours heureuse de rencontrer un des vôtres.

Chaque fois, vous m'ouvrez un peu plus à ce monde inconnu et pour le moins illimité.

Je pense que vous nous trouvez aussi d'un physique étrange, nous les êtres humains ?

Felanga :

Oui, nous sommes tellement différents, mais ce sont surtout vos manières qui nous étonnent souvent. Nous vous voyons et nous captons toutes vos pensées et c'est franchement déstabilisant. En image, cela pourrait ressembler à une grosse pelote de laine emmêlée.

Quelquefois, nous apercevons des êtres simplement reliés à la nature et nous apprécions. Pour les autres, nous sommes heureux qu'ils passent leur chemin, ils brouillent nos connections et nous ralentissent dans notre travail.

Tissaïa :

Je comprends, je me souviens que tu m'as parlé de pyramides qui formaient un gigantesque sablier. Tu peux nous expliquer ce «sablier» ?

Felanga :

Souviens-toi, nous avons abordé le sujet des dimensions et hiérarchies célestes.

La première pyramide est posée sur sa base qui est plutôt de couleur rouge vif au départ, puis le rouge devient de plus en plus clair au fur et à mesure que l'on s'élève, comme des strates.

Ensuite, viennent le orange, le jaune, le vert et rose, le bleu, le bleu profond (presque violet) jusqu'au blanc lumineux.

Chaque niveau de couleur est habité par des êtres, vous nommez ces niveaux : dimensions ; le but de chaque être est d'atteindre le niveau le plus élevé, le blanc, sachant que tous nous sommes partis du rouge.

Chaque dimension est composée de niveaux qui se chevauchent, nous les passons un par un. Si notre évolution est rapide, nous enchaînons ces niveaux, sinon, c'est plus long. Il nous arrive à tous de devoir stagner dans une couleur, à nous comme à vous.

Nous avons tous la possibilité de communiquer avec des êtres d'autres dimensions. Les êtres des dimensions supérieures sont nettement plus agréables que ceux des dimensions inférieures. Ceci-dit, une partie de notre travail est d'aider les êtres de niveaux inférieurs à s'élever.

Au sommet de cette pyramide, se trouve une ouverture qui permet de rejoindre une autre pyramide inversée. Cette configuration permet de communiquer avec le haut de cette autre pyramide qui se retrouve donc en bas ; de fait, le bas se trouve en haut !

Un peu compliqué peut-être à comprendre pour nombre d'entre vous, souvenez vous : tout ce qui est en bas est en haut et tout ce qui est en haut est en bas !

C'est une des lois de l'Univers !

Dans votre monde tridimensionnel, il existe des montagnes inversées, ce n'est pas pour rien, elles permettent les entrées et sorties entre les mondes, ce sont des portes ou passages si vous préférez !

Ces deux pyramides forment un sablier car la notion de temps peut être très différente selon les dimensions.

Tissaïa :

Génial, les couleurs sont en fait celles des chakras. Sommes-nous coincés dans cette pyramide, et les êtres de Lumières qui se trouvent dans le blanc où vont-ils ?

Je t'entends rigoler…

Felanga : oui, tu prends toujours tout au pied de la lettre et c'est drôle !

Le sablier est une métaphore, personne n'est coincé nulle part, et certainement pas les «Maîtres» !

La pyramide est baignée dans d'autres couleurs que vous découvrirez avec les chakras extra-supérieurs justement qui se situent autour de votre corps, plus ou moins loin.

C'est une des raisons pour laquelle, plus nous vivons dans de basses fréquences, plus nous sommes des êtres limités en tout.

Nous les «yétis» comme tu nous appelles à cause de notre ressemblance avec eux, pouvons circuler d'une dimension à l'autre, à condition que nous y soyons autorisés.

Lorsque nous aidons d'autres êtres à s'élever, quel que soit le peuple auquel ils appartiennent, nous sommes amenés à voyager dans d'autres mondes et ceci nous permet d'en revenir meilleur et de pouvoir continuer à aider ou accompagner, avec plus de compréhension et de grandeur.

Si aujourd'hui nous sommes un peuple pacifique, cela n'a pas toujours été le cas !

Il nous a fallu du temps pour apprendre à nous défendre, à reconnaître les supercheries, nous ne travaillons plus jamais seuls, mais avec de nombreux alliés.

Nos bras sont grands et pleins d'énergie, ce qui nous permet de nous propulser à notre guise à peu près n'importe où et dans n'importe quelle situation.

Nous avons également le pouvoir de changer de couleur pour nous transporter dans la dimension souhaitée en fonction des besoins de notre mission.

Évidemment, il est très désagréable pour nous d'aller vers les dimensions rouges, car nous devons par nécessité nous servir de nos griffes pour attraper les êtres qui se perdent et qui surtout empêchent les autres de s'élever en leur tendant des pièges ! Nous sommes alors vraiment dans ce que vous appelez la «partie sombre».

Tissaïa :

Que fais-tu en ce moment le long de la Flora ?

Felanga :

Je me repose parmi mes amis, je reviens d'une mission qui m'a entraîné à la base de la dimension rouge, donc très compliquée.

Je ne peux pas tout te dire, juste que je suis parti récupérer des «morceaux» d'âme d'un être très noir qui s'est égaré dans un lieu de dimension très basse. Cette situation lui offre la possibilité de réfléchir à ses intentions et ses actions, pour pouvoir choisir le chemin de la Lumière… Pas d'inquiétude, il sera accompagné et aidé pour y parvenir, la main est tendue pour tous, mais chacun reste libre de son choix !

Je te laisse maintenant car je dois repartir, nous nous reverrons sûrement. Sache que mon peuple aussi veille sur vous et sur votre planète.

Tissaïa : quel bonheur d'avoir de nouveaux amis, merci à vous et à Mère Nature qui me permet de vous rencontrer !

Chapitre 9 : Rencontre avec Le Dieu PAN

Ce jour, Pan, le Dieu Pan prend la parole.

Chère amie Muriel, depuis quelques jours, plutôt nuits, je t'accompagne.

Nous nous sommes déjà rencontrés quelquefois parmi les arbres avec nos amis les Êtres et les Esprits de la Nature.

Aujourd'hui sur Terre est une journée « spéciale », particulière pour toi et ta famille.

Il y a une année de votre calendrier, un être cher, une âme merveilleuse vous quittait pour rejoindre l'autre côté du voile, comme tu aimes le dire.

Je comprends qu'il ne soit pas facile de ne plus avoir à ses côtés l'être aimé.

Cependant toi tu as compris avec foi et confiance, que de l'autre côté, tout est lumière pour les êtres purs, que les êtres redevenus esprits demeurent dans la Lumière, ils vous entourent, vous chérissent, vous protègent.

Muriel :

Merci Pan d'être venu nous accompagner avec d'autres guides et êtres de Lumière.

Je te connais peu, mais j'avoue avoir été impressionnée à chacune de nos rencontres !

Peux-tu nous dire qui tu es ?

Pan :

Dans la mythologie, vous me nommez le Dieu Pan, apparenté souvent au « diable » ; il en faut toujours un dans vos légendes, afin que la lumière irradie !

Je n'ai pas toujours un « rôle » facile, mais il me sied bien.

Chacun voit ce qu'il souhaite voir de ma personnalité !

J'ai décidé d'intervenir dans l'écriture de ce livre, pour éclairer quelques points confus pour beaucoup concernant les Êtres et les Esprits de la nature ; et notamment pour répondre à ta question plusieurs fois posée : quelle différence entre les Êtres et les Esprits de la Nature ?

Ceux que tu appelles « Êtres de la Nature », présents dans ce livre, vibrent dans une dimension légèrement différente de ceux que l'on nomme « Esprits de la Nature ».

Vous, en tant qu'être humain, vous êtes constitués de matière dense, c'est pour cela que vous êtes visibles et palpables.

Certains Êtres de la nature sont « moléculairement » différents, moins denses en particules, donc invisibles pour la plupart d'entre vous. Vous pouvez surtout ressentir leurs énergies, ils restent cependant palpables et eux aussi ont besoin de se nourrir, notamment de prana (énergie), d'aliments, ces êtres sont assez proches de vous.

Plus loin de vous, dans une dimension plus légère, nous pouvons nommer les « Esprits » de la Nature ou de la forêt. Peu importe, les noms que vous leur donnez, c'est une « classification » qui vous permet une meilleure compréhension.

Si vous vous permettiez d'ôter ces « cases », tout serait plus simple, les barrières tombées, vous auriez accès à l'illimité entre toutes les dimensions. Enfin, peu à peu cela vient pour certains d'entre vous, c'est important pour l'équilibre des mondes.

Pour en revenir à qui je suis, un de mes « rôles » est d'être attentif à une bonne co-habitation entre les Esprits de la Nature, les habitats (végétaux, minéraux, monde de l'eau, air et éther) et si possible les êtres humains, en fait ma mission est d'harmoniser tout ce qui concerne la forêt.

C'est une vaste tâche que j'effectue avec les Esprits de la forêt et bien d'autres tels : l'Homme Vert, Merlin et maintes autres divinités...

En fonction de vos « pays » et croyances, les noms diffèrent et je vous répète que tout cela est sans importance. L'important est une bonne synchronisation entre tous les éléments afin que la planète Terre soit viable pour tous.

Muriel :

Il est vrai que je ne ressens pas les mêmes énergies entre les Êtres et ceux que je nomme Esprits. Il y a en effet une question de densité, mais aussi de mouvements, de déplacements.

Les êtres de la nature sont plus proches de nous dans leur mobilité, alors que ceux que je nomme esprits sont très légers et se montrent à nous par des formes, visages sur les rochers, arbres, nuages, reflets dans l'eau….

Pan :

Oui, tu résumes bien par rapport à ce que vous pouvez observer avec vos sens, mais ça reste plus complexe en réalité.

Nous sommes tous des êtres qui nous côtoyons dans des « espaces » et des vibrations différentes.

Nous avons un sacré avantage sur vous, nous captons vos énergies dès que vous êtes dans notre champ, nous connaissons vos intentions et communiquons très rapidement entre nous et avec la nature, en fait nous avons toujours un temps d'avance...

Les animaux aussi communiquent avec nous, je sais qu'il y aura un chapitre qui leur sera consacré.

Muriel :

Vous communiquez aussi avec les esprits humains ?

Pan :

Oui, la preuve avec toi dans ce livre.

Dans nos dimensions, nous communiquons facilement entre nos mondes, mais bien sûr pour cela, il faut accepter certains codes.

Muriel :

Tu peux nous en dire plus ?

Pan :

Vous le savez déjà, ce sont souvent des règles simples à comprendre, mais qu'il faut appliquer dans votre vie quotidienne.

Chacun de vous a ce « pouvoir » de comprendre les autres « mondes » et de partager avec eux.

Le premier code et de loin le plus important : le silence !

Le silence autour de vous, mais surtout en vous.

Le deuxième code : l'acceptation !

L'acceptation qu'il existe d'autres mondes et que vous en faites partie. Pendant votre sommeil, lors de vos méditations, vous allez dans ces mondes régulièrement.

Avec de la pratique, tout devient plus facile et naturel pour vous.

Nous pourrions faire un livre entier sur les différents mondes et votre adaptation à ces autres lieux, mais travaillez déjà ces deux codes, ils sont essentiels.

Nous pouvons ajouter aussi l'alimentation, le lieu de vie, le respect pour toute forme de vie, le repos, l'amour pour vous et pour autrui...

Voyez vous, les codes vous les connaissez au fond de vous, vous pouvez les retrouver, les adapter à vos vies, reconnaître vos priorités.

Muriel :

C'est exact !

Nous avons coutume de dire « La parole est d'argent, mais le silence est d'or » mais ceci reste une maxime que nous ne suivons pas assez souvent.

J'ai personnellement remarqué que, plus je suis seule, moins je suis seule !

Cela veut dire que plus je suis seule et plus je peux communiquer avec d'autres mondes, c'est passionnant et je ne m'ennuie jamais !

Pan :

Tout à fait ! Sans devenir ermite car ce n'est pas obligatoirement votre « mission », vous pouvez chacun, à votre rythme, avancer sur le chemin du silence et vous ouvrir à la tolérance.

Muriel :

Pourquoi, es-tu souvent assimilé au « diable » ?

Grand rire de Pan !

Pan :

Car je peux être blanc ou noir, à chacun de me voir comme il le souhaite !

En chacun, il y a du clair et du foncé, du gentil ou du méchant, de l'ombre ou de la lumière …

Chacun est libre d'aller, d'avancer vers le côté qu'il choisit. Disons que je peux accentuer un côté plus que l'autre, à vous de choisir quelle route vous voulez suivre et quelles expériences vous choisissez de mener à bien ? C'est à vous de voir !

Je suis intransigeant, mais nullement méchant (comme vous l'entendez).

J'exacerbe des comportements que vous avez en vous, afin de vous en faire prendre conscience !

Je cite un exemple : la frivolité, une personne frivole, qui va donc frapper à de nombreuses portes, si elle me contacte, cela peut-être amplifié ou à l'inverse, elle va se demander pourquoi elle agit ainsi et corriger ce comportement frivole.

Voyez-vous, chacun garde toujours le choix de ses actes !

En quelque sorte, je sers de « catalyseur » à vos comportements afin qu'ils soient mis au jour et compris par vous : cela fait partie de l'expérience !

Ne vous méprenez pas, vous avez toujours votre libre choix, la réponse vous appartient.

Muriel :

C'est drôle que tu aies choisi cet exemple car souvent tu es associé à la perversité dans notre monde !

Pan :

Eh oui, il faut bien un Dieu « coupable »

Muriel :

Ce comportement de trouver un coupable pour tout, fait encore partie de l'être humain, je pense que c'est une des raisons sur la lenteur de notre évolution.

Pan :

Tu as tout à fait raison !

Tant qu'il vous faudra un coupable pour tout au lieu d'une remise en question suivie d'une réflexion personnelle, votre évolution sera ralentie.

Revenons à Mère Nature, comme son nom l'indique, elle a un rôle de protection et un rôle nourricier envers vous. Elle est toujours présente, vous êtes étroitement liés, vous formez même une seule entité, et donc si vous lui faites mal, c'est à vous que vous faites mal.

Elle est un bon professeur également pour vous et réagit comme il se doit pour votre éducation.

Je suis un des porte-parole de Mère Nature et également un « guerrier » qui a pour mission de faire respecter quelques règles fondamentales.

Muriel :

Lesquelles et comment pouvons nous les mettre en pratique ?

Pan :

Pour la majorité d'entre vous, vous avez déjà vécu sur d'anciens continents qui ont sombré à cause d'erreurs, de non respect, de lutte entre le pouvoir et l'égo... Ces vies ont laissé une tâche indélébile dans vos mémoires, souvenirs intuitifs de fautes commises...

C'est pourquoi, certains d'entre vous sont révoltés quand les forêts sont dévastées, les animaux maltraités, l'eau détournée et souillée... C'est du déjà vu, déjà vécu.

L'action pour le profit quitte à détruire sa source, vous en avez fait la triste expérience.

Le chemin des humains est pour nous difficile à comprendre !

Muriel :

Oui, mais tout le monde n'est pas comme cela !

Pan :

Je suis d'accord avec toi, seulement le mécanisme est beaucoup plus complexe qu'il n'y paraît.

Ceux qui font le « mal », il ne le voit pas obligatoirement comme étant mal, et même si leurs actions sont conscientes, elles vous demandent de réagir.

Chacun d'entre vous a sa part de responsabilité au travers de ses actes, paroles, pensées, mais surtout à travers le « non agir » : c'est pire que tout.

Comment pouvez-vous être encore à ce niveau de crédulité pour croire et pour confier toutes les responsabilités et les décisions majeures à une poignée d'entre vous ?

C'est seulement lorsque chacun prendra en charge ses propres pensées, ses responsabilités, en accord avec la partie la plus haute de lui même que les choses s'arrangeront et que vous vivrez et construirez un monde meilleur.

D'aucuns s'éveillent, ils doivent propager ces prises de conscience du mal, du bien pour la planète et ainsi aider leurs congénères, du moins ceux qui le souhaitent.

Vous êtes tous liés entre vous, chacun a son bout de chemin à faire pour lui et le bien de tous.

Certains diront que je fais ressortir le côté sombre, mais aussi les bons côtés de chaque être, le but est de transformer en Lumière, Amour chaque facette de soi, noire ou blanche.

J'agis de même avec les êtres et esprits de la nature afin qu'ils donnent toujours le meilleur pour la nature, qu'ils évoluent aussi dans le grand Tout.

Je suis le Dieu de la Nature, mon rôle est de la protéger et de protéger ses nombreux habitants.

Vous pouvez me rencontrer dans les forêts, nul doute que vous me reconnaîtrez.

Muriel :

Oui, ton énergie est reconnaissable, tellement la puissance et la droiture nous accaparent.

Et les animaux de la forêt ?

Pan :

Bien sûr, je veille sur eux, nous en parlerons plus tard avec leurs autres guides !

Encore un petit mot pour votre santé, je vous ai concocté une recette :

- plusieurs bols d'air de nature entretenu par les Fées

- des baignades et breuvages préparés par les Ondines

- des herbes soignées par les Nains

- des fruits aimés par les Lutins

- des câlins de Gnomes

- des soins de la Vouivre

- des échanges avec les arbres

Avec cette potion, votre forme, votre énergie et votre spiritualité augmenteront de jour en jour...

Muriel :

Merci pour cette potion magique, sans modération je présume !

Pan :

Gagné, le plus souvent possible.

Je vous laisse à présent, un beau moment partagé ensemble...

Muriel :

J'espère en vivre encore beaucoup d'autres, un grand merci à toi !

Chapitre 10: Guérison avec les Êtres de la Nature

Au cours de ces différents chapitres, les êtres de la nature nous ont tous dévoilé leurs différents «outils» de guérison, ceux avec lesquels nous aussi nous pouvons travailler.

Je laisse la place à Delfium, l'Elfe qui nous a fait le bonheur de venir communiquer avec nous.

Delfium :

Je suis ravi d'aborder avec vous ce thème que vous nommez la guérison.

Je souhaite vous rappeler tout d'abord que la guérison est émotionnelle avant d'être physique.

Lorsque votre corps physique devient malade, il vous parle à travers sa souffrance afin de vous alerter que quelque chose ne va pas dans votre vie et que cette «chose» devient insoutenable pour votre âme et qu'il est grand temps d'agir.

Le plus gros souci, avec vous êtres humains, est que vous êtes souvent sourds à cette souffrance, sourds à vous mêmes. Comme nous vous l'avons tous dit et répété : écoutez vous, posez vous pour faire le point sur vos difficultés et posez ce que vous souhaitez vraiment vivre au cours de cette vie.

Votre corps devient malade pour vous informer que votre vie repose sur de fausses croyances, de faux chemins, que votre vie ne correspond pas à ce que vous souhaitez réellement.

En étant «honnête» avec vous même, ayez conscience des compromis que vous faites, sachez poser ce qui vous convient ou pas.

En fait, à terme, vous ne savez plus qui écouter, les autres, votre mental ?

Qui a pris le dessus sur votre vie ?

Où êtes-vous, comptez vous encore dans votre propre vie ?

À cette époque, vous avez beaucoup plus de moyens de vous redécouvrir que vos anciens, nous n'avons jamais été aussi près de vous, les Maîtres également.

Il existe beaucoup de thérapeutes à votre écoute, des lieux de retraite et encore une multitude de propositions pour vous aider, sans oublier Dame Nature et les animaux !

Il serait bien de vous retrouver quotidiennement pour écouter les signes qui vous sont envoyés, nous vous aimons, nous souhaiterions tellement vous aider !

Lorsque vous rééquilibrez votre aura, vous vous sentez bien, gardez cette sensation, retrouvez là en permanence. Lorsque vous vous sentez moins bien, posez vous les bonnes questions, entendez vos réponses, celles qui vous éveilleront, laissez s'épanouir la lumière qui est en vous.

Chacun à notre tour, nous vous avons donné quelques clés, les couleurs, les parfums, les sons, les lieux de vie... Trouvez ce qui vous convient, à ce moment donné de votre vie.

En respectant votre équilibre, vous resterez toujours en forme, sereins, en paix.

Nous sommes là pour vous servir, vous aider à franchir ces étapes, avec tous les Êtres de la Nature.

Tissaïa :

Un grand merci Delfium,

Faire un travail personnel sur notre chemin avec tous les «outils» mis à notre disposition, accompagnés par vous tous, les anges, les Maîtres, les guides, cela donne la force et l'envie de continuer à aller de l'avant.

Nous avons un invité qui est présent près de moi depuis quelques jours et que j'ai déjà eu l'immense plaisir de rencontrer à plusieurs reprises.

Voici Merlin, qui est pour moi le Maître alchimiste et surtout celui qui connaît si bien l'être humain pour avoir vécu de multiples incarnations sur notre terre.

Merlin :

J'avais vraiment envie de participer à ton livre qui a été soufflé par nous, de l'autre côté.

Ces lignes sont juste un avant goût de ta prochaine écriture, un autre livre avec moi.

J'ai tellement à dire, que l'écrire ici serait bien trop volumineux.

En ce jour nous allons continuer à parler de votre guérison, ou plus sûrement pourquoi êtes-vous en recherche de guérison ?

Quand notre être a besoin de guérir, il faut d'abord savoir de quoi ? Ceci semble évident mais ce n'est pas si simple qu'il n'y paraît !

Pour rappel, en tant qu'être humain, votre corps et vos émotions sont vos curseurs pour savoir comment vous allez, comment vous vous sentez.

Lorsqu'un curseur entre dans le «rouge», une partie de vous souffre, c'est que quelque chose ne va pas. Et c'est à cet instant qu'il est impératif de se poser les bonnes questions.

Commençons par l'origine de votre vie !

Lorsque vous êtes né, vous vous êtes incarné sur terre, vous aviez un ou plusieurs objectifs, une mission de vie. Peu importe comment vous l'appelez !

Après une soigneuse préparation avec vos guides de Lumière, vous avez choisi une famille et un lieu d'accueil, on pourrait dire un lieu «d'atterrissage»!

Vous voilà donc atterri et que se passe t-il ?

En fonction du pays dans lequel vous arrivez, votre naissance se passe plus ou moins bien, pour vous comme pour votre maman humaine.

Vous débarquez d'un bain d'Amour incroyable et vous êtes précipité dans le froid, plongé dans une lumière crue et aveuglante pour nombre d'entre vous !

Peu de peuples sur Terre respectent et accompagnent décemment l'arrivée d'un nouveau né, tout est beaucoup trop médicalisé, le bébé est manipulé, ausculté, mesuré, nourri aux laits maternisés, puis empoisonné par des produits chimiques…

Bienvenue à vous, vous avez gagné la première bataille, mais certains se disent déjà : vite je repars, ici c'est bien trop moche !

Et pourtant, un grand merci aux personnes qui participent à la mission naissance sur terre et qui se dévouent pour aider à cette transition ciel-terre. Cependant, déjà en ce tout début d'existence, le nouveau né est «contrarié», il ne comprend pas ce qu'il lui arrive.

Continuons, séparation de maman, lit, voire chambre seul : l'accueil est glacial comparativement au monde que vous laissez, ce cocon d'Amour où chacun est entendu, accompagné…

Ensuite, les événements s'enchaînent dans un ordre prévisible qui laisse peu de place à la fantaisie et à l'imagination : nounou, crèche, école, compétition (même dans les loisirs), examens… puis le monde des adultes qui vous accueille déjà bien formaté pour vous faire accepter une vie tout aussi prévisible que l'on résume souvent par métro, boulot, dodo...

Et enfin, le vieillissement, la maladie, la solitude de la vieillesse, jusqu'au moment où il est temps de repartir là-haut, encore plein d'incompréhensions et de questions sans réponse, dont celle qui domine : qu'ai-je fait de ma vie, qu'ai-je fait pour moi ?

Mes chers amis, pour une majorité d'entre vous la vie passe, vous ne la vivez pas... Et c'est pourquoi la maladie s'impose, avec recherche de guérison, intervention de médecins, thérapeutes ou autres guérisseurs.

Que faire ? Rien, être malade, se guérir... et recommencer maintes fois...

Ou bien, prendre sa vie en main, refuser ce que la société vous propose et qui ne vous convient pas et ce même dès le mode d'éducation de vos enfants.

Entre deux systèmes, il existe des compromis, des alternatives, des étapes, des transformations à effectuer dans la société.

Un exemple concret : personne n'aime réveiller un enfant dans son sommeil, seulement parce que c'est l'heure, alors que ce petit être a encore besoin de dormir pour grandir et ne pas être malade.

Cet exemple conditionne toute votre vie : un temps pour tout ! Sommeil, repas, travail, devoirs, activités, même les vacances sont programmées, mais vous réellement où est votre propre rythme ?

Le rythme biologique est propre à chacun, il est souvent calqué sur Mère Nature.

Rappelez vous vos anciens, ils n'avaient pas d'électricité, se couchaient tôt l'hiver, ils travaillaient plus l'été avec l'allongement des jours. La nature vous offre également votre nourriture adaptée en fonction des saisons. Des aliments plus riches l'hiver que l'été.

Votre corps connaît la «pendule» de la nature, il est créé et calqué sur celle-ci.

Le mauvais rythme biologique est la première cause de toutes vos maladies.

Votre corps et votre inconscient sont sans cesse obligés de lutter pour se recentrer, ils y dépensent beaucoup d'énergie, le côté émotionnel est oublié, c'est l'incompréhension !

Résultat : fatigue et mal être apparaissent.

Si je vous dis, reconnectez-vous à vos besoins essentiels en terme de rythme : mangez lorsque votre corps le demande, des aliments de saison, dormez lorsque vous en avez besoin et non en fonction de votre emploi du temps !

J'entends vos réponses : impossible, en cause l'école, le travail, l'argent…

Vous êtes coincés, vous vous êtes bloqués irrémédiablement au fil du temps, de par votre éducation, de par un modèle de société imposé, et duquel il ne vous semble plus possible de s'échapper.

Maintenant, regardez ce qui se passe ailleurs, dans d'autres pays; certains n'hésitent pas à faire évoluer leur modèle de société, les changements sont en marche : inventer ou réinventer ce qui est important pour eux et leurs enfants, les consciences s'ouvrent : casser cette impitoyable logique du temps, privilégier le bien être, tout en respectant la vie en société.

Quelques pays, notamment nordiques prennent en compte le rythme des enfants et celui des adultes dans leur travail. De plus en plus d'entreprises permettent la sieste, des temps de méditation... de même dans les écoles !

Vous voyez, ce que je vous dis aujourd'hui, vous paraît fou et irréalisable, pourtant ces projets sont en route, à vous de faire accélérer leur évolution et de vous prendre en charge.

C'est la première façon d'agir pour n'avoir aucun besoin de guérir !

Je suis confiant en votre avenir ; suivez votre modèle, non celui du voisin s'il ne vous convient pas !

Arrêtez de confier votre vie à des «polichinelles» qui ne sont là que pour flatter leur égo, prendre le pouvoir, entrer dans l'Histoire, s'enrichir...

En toute chose la modération pourrait être le bon chemin, que chacun fasse ses propres expériences, reconnaisse ses erreurs, et n'hésite pas à recommencer encore et encore tant que nécessaire...

Une autre cause à l'origine de maladies : l'école pour les enfants et le travail pour les adultes !

Les bonnes questions pourraient être : quel serait le modèle d'école idéal ? Quel serait le travail idéalement épanouissant ? Quelles pourraient être les conditions de travail optimales en matière de partage du temps, de lieu de rencontre, d'échanges, d'entre-aide…

Les réponses sont en vous !

Je suis là pour poser des indices sur votre chemin afin de vous aider à mettre en place les changements nécessaires, à deux conditions cependant, qu'ils soient bons pour vous et pour l'humanité.

Vous êtes situés à l'ère du verseau, de la co-création, il est temps d'avancer ensemble, avec ceux qui nous ressemblent, et d'entraîner tous les autres dans l'éveil.

Voici pour ma part : comment ne pas avoir besoin de guérisseur !

Pour ceux qui souhaitent une «baguette magique», elle se trouve au fond de chacun de vous !

Lorsque votre santé se dégrade, il n'est pas trop tard pour agir, vos maux révèlent des secrets à déchiffrer pour obtenir votre guérison.

Entourez vous des bonnes personnes, celles qui pourront vous aider à revenir sur votre chemin.

Il en existe dans chaque «médecine», n'hésitez pas à vous faire aider, dans votre monde, mais également dans les autres, les mondes intangibles !

J'ai aimé partager avec vous ces quelques paroles, je ne plais pas à tous, c'est ainsi.

Encore une chose : lorsqu'un propos vous dérange, demandez vous pourquoi et ce qu'il renvoie en vous ?

Bonne chance à chacun sur son chemin, n'oubliez pas, aimez vous, respectez vous !

A bientôt chers amis de la terre !

Tissaïa :

Maître Merlin, tu es très direct et je te reconnais bien là !

Je reste confiante en notre peuple pour faire évoluer petit à petit les règles de notre société pour le bien de tous !

C'est une très bonne chose que nous soyons de plus en plus nombreux à nous éveiller, à prendre conscience qu'il nous faut agir autrement !

Merci Maître Merlin, à bientôt.

Voici Languth, porte parole du peuple des nains.

Languth :

Très heureux de vous retrouver, je vais essayer de vous apporter des solutions plus concrètes.

Vous souvenez vous, nous sommes un peuple très proche de vous, vous nous trouvez dans vos potagers, vos forêts, nous pouvons aussi nous rendre chez vous si vous nous y invitez.

Pour la plupart d'entre vous, vous avez besoin de douceur et d'Amour dans vos vies.

Vous agissez trop souvent comme si vous n'existiez pas, c'est là votre grande difficulté !

Vous agissez pour les autres, vous partez travailler par habitude, vous rentrez chez vous, réglez les difficultés ménagères, les enfants, les repas, le ménage avant d'aller vous coucher, épuisé…

Je vous donne un conseil : au cours de la journée, à chaque déplacement regardez autour de vous, émerveillez vous des arbres, des fleurs, du sourire d'un enfant…soyez présent à chaque instant !

Les oiseaux chantent pour vous chaque jour, remerciez les.

Sachez remercier, manifestez votre gratitude et ainsi votre cœur s'ouvrira tel une fleur de lotus.

Vos journées seront plus gaies, votre vie prendra du sens, l'Amour re-naîtra en vous !

Prenez soin de vous, chouchoutez vous et changez ce qui ne vous convient plus dans votre vie, c'est cela vivre. Il est important d'essayer, même de se tromper, de recommencer, vivez ce que vous devez vivre, ne restez pas spectateur de votre vie, ne la regardez pas passer sans rien faire.

Nous sommes avec vous, nous entendons ceux qui demandent notre aide, faites vous confiance et faites nous confiance aussi.

Si vous êtes déjà «malade» nous pouvons vous aider à guérir, prendre soin de vous, choisir les aliments, l'eau que vous consommez, et bien plus encore : demandez, vous aurez !

De gros câlins à vous chers amis.

Tissaïa :

Merci au peuple des nains, je vous aime !

Un léger courant d'air m'enveloppe, voici les fées qui arrivent tels des avions à grande vitesse. Leurs ailes battent tellement vite, qu'elles peuvent déplacer des montagnes, quelle énergie !

Isia :

Eh oui, nous voici, tu as reconnu notre belle énergie !

La guérison avec nous, c'est toujours «magique».

Nous faisons tout ce qui est en notre pouvoir pour vous aider à guérir et à avancer dans la joie !

Vous vous souvenez, rire, chanter, danser, un super anti-dépresseur, et si vous ne pouvez pas le faire car votre corps ne peut pas, nous le faisons pour vous !

Appelez nous auprès de vous, nous vous donnerons la joie de vivre, l'énergie pour avancer sur votre chemin.

Bien sûr, nous ne pouvons pas tout faire à votre place, mais nous pouvons vous apporter de belles énergies, la légèreté, la poudre magique qui enchantera vos jours et vos nuits !

Si un matin au réveil, ce n'est pas la grande forme, visualisez nous, appelez nous du fond de votre cœur, c'est sûr nous viendrons, quel que soit l'endroit où vous vous trouvez !

Souvenez-vous, un cœur d'enfant et nous accourons, nous volons plutôt.

Vous pouvez tout nous raconter, cela vous soulagera, nous demanderons ensuite de transmuter toutes ces vilaines pensées, ces soucis qui vous polluent.

Nous sommes petites en taille, mais toujours pleines d'entrain.

Nous vous souhaitons pleins de bonheurs et beaucoup de joie !

Tissaïa :

Merci Isia, c'est toujours un immense plaisir de vous sentir près de nous.

J'entends de petits êtres qui arrivent en fanfaronnant et en faisant des cabrioles.

Ils sont de mille couleurs ! Vous les avez sûrement reconnus, ce sont nos amis les lutins.

Euh :

Eh oui, c'est bien nous, fidèles à vos côtés.

Cela nous rend joyeux de penser à vos appels, pour vous apporter bonne humeur et fantaisie !

Je vous assure, nous allons bien rigoler, vous savez que rire plusieurs fois par jour est guérisseur, le rire est une très bonne médecine, de même que porter et s'entourer de couleurs.

Chez vous, vous appelez cette thérapie, la chromothérapie, chez nous, c'est naturel, nous portons instantanément les couleurs qui nous font du bien.

Couleurs et blagues, sont notre quotidien, mais vous savez aussi quelle couleur vous fait du bien.

La mode c'est bien, les couleurs, c'est encore mieux !

Les couleurs équilibrent l'aura qui en a besoin et elles évitent que le mal arrive sur vos corps physique et émotionnel.

Nous voyons que vous progressez, même les hommes osent porter du rose maintenant, génial !

Faites, vous aussi, des cures de rire : films, livres et surtout entre amis, les amis aussi permettent de se maintenir en forme (seulement les drôles, bien sûr).

Lors de vos promenades en forêt, soyez attentifs, nous vous sautons souvent dessus, on aime aussi se mettre dans vos sacs ou vos capuches, nous vous contaminons de joie.

Qu'en pensez-vous, c'est pas mal comme programme !

Nous pouvons aussi venir chez vous pour une bonne partie de rigolade !

Les enfants le savent, lorsque les parents disent : mais qu'ont ils aujourd'hui, ils ont la bêtise, nous ne sommes pas loin !

Faites comme vos enfants de temps en temps, laissez vous aller, vous serez bien mieux ensuite.

Voici donc comment nous pouvons vous aider : couleurs, rire, bêtises !

A bientôt à tous.

Tissaïa :

Sans problème, vous êtes tellement drôles et coquins aussi !

Je me souviens avoir eu des paniers ou sacs qui devenaient de plus en plus lourds au cours de mes ballades, des stages où le fou rire et la bêtise attrapaient certains qui devenaient à leur tour des lutins incarnés !

De bons et beaux souvenirs, à bientôt amis lutins.

Quelle belle surprise, bienvenue Elora, notre magnifique licorne arc-en-ciel !

Elora :

Très heureuse de vous retrouver.

Je suis d'accord, le préventif vaut mieux que de tomber malade !

Ce que nous observons le plus chez vous, c'est votre manque d'écoute, à vous même d'abord et ensuite à vos guides ou même à nous, les Êtres de la Nature.

Nous remarquons souvent, la fermeture de votre troisième œil, l'endroit où notre corne nous permet de nous connecter à tout l'univers.

En fermant cette partie, vous vous retrouvez désorientés, vous ne pouvez pas entendre votre petite voix, votre âme, vous fermez votre cœur à vous même.

Tous ces paramètres essentiels conditionnent vos attitudes et bien sûr votre vie.

Vos choix ne peuvent être bons pour vous quand vous n'écoutez pas cette intuition, n'oubliez pas, cette petite voix, c'est vous, elle seule se souvient de ce que vous êtes venu faire sur terre, pourquoi vous êtes ici !

Lorsque vous vous trompez de chemin, ce n'est pas grave à partir du moment où vous en devenez conscient, il suffit de réajuster votre vie en fonction, nous appelons cela, l'expérience.

Elle vous élève et vous permet de mieux vous situer dans l'espace et donc de trouver votre place.

Suivre votre intuition est notre meilleur conseil, cette petite voix ne vous trompera jamais.

Pour garder votre troisième œil ouvert et toujours en connexion, prenez le temps d'être dans le silence avec vous même, écoutez vous, ne vous laissez pas entraîner dans des schémas qui ne sont pas souhaitables pour vous !

Lorsque vous vous êtes perdu trop longtemps, c'est là que les ennuis de maladies physiques ou psychiques commencent.

Souvenez-vous, votre corps et vos émotions sont les signes que quelque chose ne va plus en vous et autour de vous.

Prendre du temps pour soi, s'écouter et surtout reconnaître quand vous êtes heureux.

N'hésitez pas à vous faire aider pour équilibrer vos énergies, entendre à nouveau les messages qui vous sont destinés. Il y a des thérapeutes, l'art, la nature et nous !

Vous pouvez appeler le peuple des licornes, nous sommes à votre service, nous pouvons vous aider à remettre de l'ordre pour le bon fonctionnement de vos chakras, surtout l'ouverture à vous même et au monde extérieur.

Vous le savez, nous possédons des qualités de guérisseuses, nous souhaitons vous les faire partager.

Appelez nous avec votre cœur, nous recevons vos messages.

Notre formule préférée : «l'amour est le meilleur guérisseur».

L'amour pour vous même est la première mission à accomplir, ainsi, il en restera abondamment pour les autres. Lorsque chacun de vous se connaîtra, se respectera et s'aimera sans autre condition, le monde tournera impeccablement. Nous sommes à vos côtés afin de réaliser ce jour tant attendu !

Nous sommes magiques pour vous, mais tellement réelles dans les autres dimensions.

Nous vous souhaitons la meilleure santé à tous, prenez soin de votre être.

Tissaïa :

Quelle joie d'être en votre compagnie, tout est tellement vrai et simple.

Je suis sûre qu'en enlevant nos barrières quelles qu'elles soient, nos fausses croyances, nous entendrions mieux cette petite voix qui ne nous veut que du bien !

Quelqu'un souhaiterait-il nous parler de l'importance et des conséquences de nos vies antérieures ?

Je reconnais ce grand rire et ces grandes exclamations !

Merlin :

Ah oui, je ne peux m'empêcher de revenir vous éclairer sur ce sujet !

Avant de vous parler de vos vies antérieures, je souhaiterais faire une petite mise au point sur vos détracteurs, vos «fausses» raisons de ne pas guérir.

En tête, vient votre éducation qui vous impacte de façon indélébile et qui conditionne tout ou partie de votre vie. De plus, évidemment, vous la reproduisez avec vos enfants, et à partir de ces principes inculqués, vous jugez vos semblables !

Il n'y a pas de bon ou de mauvais, c'est ce que l'on en fait qui est important.

En fonction de votre pays de naissance, de votre culture, l'éducation est différente : pourquoi serait-elle moins bonne en Afrique qu'en France par exemple ?

Les bébés chez vous doivent être sages, seuls très rapidement et souvent boire du faux lait. Par conséquence, beaucoup de bébés pleurent, souffrent du ventre car ils n'arrivent pas à digérer cette nourriture, du moins au début, ensuite l'organisme s'adapte.

En Afrique, les bébés dorment et passent leurs journées portés par leur maman, il n'y a pas la problématique «syndrome d'abandon» et avec l'allaitement maternel moins de problèmes de transit.

Ensuite, d'autres difficultés apparaissent avec la pauvreté, mais cet exemple est pour vous amener à comprendre que rien n'est idéal, que tout est une forme d'adaptation et surtout de bon sens.

Un enfant vivant dans un pays «riche» ne pourrait-il pas bénéficier de la présence de sa maman ?

Ainsi, reconnaissez juste vos priorités et surtout, vivez les pour votre bien et celui de tous.

Personne n'est obligé de reconduire les schémas culturels ou éducatifs qui ne lui conviennent pas.

Ne faites pas croire que tout va bien si ce n'est pas le cas.

Le problème de l'éducation est réel, mais pardonner et passer à autre chose est la bonne solution pour vivre sa vie dans le présent et non dans le passé que rien ne pourra changer, sauf peut-être la façon de le regarder.

Un autre blocage à vivre une vie choisie épanouissante, les dictats de la société.

Même s'il semble évident qu'aucun modèle n'est parfait aux yeux de tous, il est vraiment compliqué d'aller contre ses injonctions, les us et les coutumes.

Une des priorités serait de vous donner la possibilité de changer ce qui ne vous convient pas ou plus, que vous puissiez inventer votre monde, le monde nouveau que vous attendez.

Trop souvent, vous accusez l'autre, alors que c'est vous qui autorisez cet autre à agir, c'est vous qui lui donnez le pouvoir. Ces situations sont le nid de désaccords et de frustrations, puis au niveau mondial génèrent des guerres, des famines et le chaos sur terre...

Il est grand temps que chacun prenne ses responsabilités, cessez de reporter la faute sur les autres, osez changer ce qui ne vous plaît pas, ce qui est en désaccord avec vous, fixez vous une seule limite : que personne ne souffre de vos agissements.

Ensuite, vient ce que vous appelez le Karma, l'impact de vos vies passées.

Ce mot veut tout et rien dire, le mot qui correspondrait le mieux serait Akasha !

La « bibliothèque » akashique enregistre les mémoires depuis la nuit des temps.

Dans ce lieu vous pourrez y retrouver les mémoires qui vous préoccupent.

Chacun peut s'y rendre, aujourd'hui de très bons livres vous y facilitent l'accès, certains stages organisés par des thérapeutes peuvent vous accompagner dans cette démarche ; cependant n'en attendez pas de miracles, seul le travail avec vous même vous permettra d'y accéder.

Des facilitateurs d'accès à ces annales vous aideront, mais ne pourront s'y rendre à votre place !

Les mémoires peuvent être très encombrantes et avoir une action de blocage dans l'évolution de votre vie présente, alors que d'autres vous élèveront par les connaissances acquises antérieurement.

Généralement, ce dosage est assez bien équilibré, prenez le meilleur et pardonnez le pire !

Les époques ont changé, bien évidemment vous aussi, et à situations égales, aujourd'hui vous agiriez différemment.

Chaque vécu devrait être replacé dans son contexte, sans quoi, aucun intérêt à évaluer l'action. D'où l'importance de « vivre dans le moment présent » !

Hormis des situations extrêmes, comme une phobie par exemple, laissez les difficultés du passé au passé. Le risque serait l'incompréhension, et par conséquent, il pourrait s'avérer plus nuisible qu'il ne l'était avant vos recherches. Peu de cas ont un bénéfice à ce retour au passé.

Concentrez-vous sur votre vie actuelle pour laquelle toute votre énergie est requise !

En résumé, voici les mauvaises raisons que crée votre mental pour se dispenser de la faute de « mal vivre ». Cherchez en vous seul la réponse à votre mal-être ou « mal à dit », écoutez, vous savez !

Tissaïa :

Lorsque Merlin apparaît, ça ne rigole pas !

Si je résume, le trio gagnant des « fautifs » que nous accusons de notre mal être, est : l'éducation, la société et les karmas !

C'est vrai que nous laissons peu de place pour le présent et le constat de nos propres erreurs.

Ce que l'on peut retenir vraiment c'est combien il est essentiel d'écouter sa « petite voix », autrement dit son intuition qui pourrait être notre meilleur guide !

A présent, je ressens la présence du peuple des dragons, bienvenue Inoha.

Inoha :

Ravi d'être de retour parmi vous, je reviens d'un grand rassemblement qui se tenait à des années lumières de votre planète. Nous avons évoqué les changements de lieu de certains portails afin d'élever les vibrations de plusieurs planètes dont la vôtre.

Vous arrivez dans une nouvelle année de votre temps où beaucoup de changements internes vont se produire. Nombreux de ces changements s'opéreront d'abord sur vous afin de rayonner sur tous.

Ne vous étonnez pas des changements intervenant sur votre corps, vos rythmes, vos envies…

Petit à petit, chacun de vous trouvera sa lumière interne, vous la développerez pour finalement en faire profiter la terre entière ainsi que chaque règne.

Puis progressivement, vous vous souviendrez de votre monde originel, celui même dans lequel vous retournerez à la fin de votre vie terrestre quand vous abandonnerez votre corps de matière. Cette expérience ne peut être que positive pour tous, aussi, n'hésitez plus à lâcher ce qui vous retient, ces obstacles qui vous empêchent d'avancer.

C'est votre éveil et lui seul qui aidera la terre à se régénérer, à s'en sortir.

Ce qui est rassurant aujourd'hui, c'est de constater combien vous êtes nombreux à avoir pris ce chemin, à choisir votre vie et les conditions de la vivre. Les exemples d'autonomie, de respect du monde, de respect de la nature et des animaux se multiplient de façon exponentielle, n'oublions pas qu'il reste cependant beaucoup à faire !

Vous êtes accompagnés par les êtres de lumière qui se rapprochent de vous, ils vous soufflent de nouvelles pensées nécessaires à votre évolution, soyez à l'écoute, faites confiance à votre intuition qui vous guide.

Lors du dernier grand rassemblement dont je vous ai parlé précédemment, il a été décidé de vous aider plus largement encore, au regard des efforts soutenus que vous faites pour vous éveiller.

La présence des plus «hauts» va s'intensifier sur votre terre, certains même n'hésitent pas à s'incarner pour vous aider, d'autres se rapprochent et vous encouragent à rester fidèle à vous même, à ce nouveau monde qui est en marche.

Nous, peuple des dragons, nous sommes là pour veiller à la bonne conduite de cette renaissance, nous aidons à libérer les difficultés de votre ancien système et écartons tous ceux qui souhaitent le maintenir.

Ce passage sera difficile pour tous ceux qui s'accrocheront à leurs anciennes habitudes, à leur confort de vie, ceux qui n'ouvrent pas leur cœur.

Chacun d'entre vous sera guéri de ses actions passées, de son karma et redeviendra pur, dès lors qu'il sera en accord avec les lois de l'univers.

Il existe déjà de nombreuses planètes où la maladie, la pauvreté et le mal être ont disparu.

Leurs habitants sont transparents, ils ont compris que la vie spirituelle est plus importante que la vie matérielle, par conséquent ils vivent tous dans l'abondance grâce à leur nouvelle vérité. Ils ont découvert le lien qui les lie à l'au-delà, ils restent toujours connectés et reçoivent spontanément les informations nécessaires à leur développement.

Ils sont en symbiose avec leur planète et incapables de la faire souffrir, ils ont compris que le mal fait à autrui, à la terre, aux animaux… se répercute sur eux mêmes. Sur ces planètes, ils ont appris à travailler ensemble sur de nouvelles technologies, de nouveaux modes de culture, d'alimentation pour le bien de tous.

Nous savons que bon nombre d'entre vous suivent cet exemple, vous avez déjà compris certaines lois de l'univers.

Vivre dans la Paix et dans l'Amour rend la vie épanouissante.

Ces planètes servent de références dans bien des domaines, sachez vous relier à tous ces mondes où l'Amour règne en maître, c'est votre salut de guérison.

Bien sûr chacun est libre de choisir l'ombre, de continuer à se malmener et à mépriser ses semblables, mais dans ce cas il perd la connexion avec l'univers et la vie deviendra de plus en plus compliquée, il vivra dans le malheur tant qu'il n'aura pas un changement de posture. A tout moment, chacun peut décider d'évoluer, de changer de chemin, et alors tout rentre dans l'ordre.

Actuellement, vous êtes très entourés, faites les bons choix, vivez en harmonie avec le grand Tout.

Tissaïa :

Un grand merci Inoah et le peuple des dragons, il est doux de vous savoir à nos côtés.

Expériences de guérisons avec les Êtres de la Nature

Il y a quelques jours, lors d'un stage, j'ai amené les participants près du lavoir qui se situe près de chez moi. J'avais pressenti que les Êtres de la Nature souhaitaient que nous y allions avec Mystic Dream, cet instrument de musique aux notes cristallines.

Après avoir salué l'Esprit du lieu, nous nous sommes installés dans l'herbe, tout près de l'eau qui coule à cet endroit en un chant merveilleux.

C'est alors que nous avons ressenti une énergie bienfaitrice et bienveillante, un soin de Paix et d'Amour nous était offert !

D'instinct, je pris l'instrument, décidant de jouer, guidée par les Êtres de la Nature.

Je me suis alors souvenue que quelque temps avant, j'avais reçu un message des Êtres de la Nature, m'informant que j'allais travailler de concert avec eux pour offrir des soins de guérison aux humains. C'est exactement ce qui se passa !

Un Elfe vint m'expliquer les pouvoirs de l'instrument que je tenais dans mes mains et se mit à jouer par mon intermédiaire.

Il m'expliqua chaque note et sa résonance avec chaque peuple de la nature, associé à l'élément dont il fait partie.

Pendant ce laps de temps, les personnes présentes recevaient un soin des Êtres de la Nature.

Les esprits de l'Eau, de l'Air et de la Terre sont venus nous guérir.

Un instant magique, un bien être, une paix immense nous combla.

Il n'y a pas de mot assez fort et précis pour traduire ce que nous avons tous vécu.

Le temps des offrandes est alors venu pour remercier comme il se doit ces merveilleux Êtres et Esprits de la Nature...

A l'issue de cette expérience, j'ai su que mon travail en appui avec eux avait commencé !

Ce travail en commun constitue une puissance incroyable et illimitée qui s'offre à nous.

Depuis quelques années déjà, dans différents lieux, je les avais perçus et ressentis. Au cours des stages, j'avais donc eu la chance de pouvoir les faire connaître aux personnes présentes.

Mais aujourd'hui, ce qu'ils me montrent, c'est la guérison en leur compagnie.

Le message est clair, les résultats de ces soins également...

Une nouvelle «mission» commence.

Ils sont prêts à partager, à nous aider, à nous faire «grandir», nous sommes prêts également.

A ce jour, chaque fois que je fais un soin énergétique, je les appelle consciemment pour qu'ils m'assistent et me guident dans cette nouvelle mission de partage.

Je vous partage une autre expérience, différente, mais qui m'a grandement interpellée :

En ma compagnie, j'ai quelques animaux d'âge bien avancé !

Un des chevaux, en fin de vie, s'est retrouvé avec un grave problème neurologique, en 12 heures à peine, il tombait à chaque déplacement, il était très agité et pour éviter qu'il ne se blesse, je le tenais en longe et essayais de contrôler ses mouvements pour qu'il ne se fracasse pas contre un mur ou un piquet.

En attendant le vétérinaire, j'étais seule, et ne savais plus que faire au vu de la situation qui était devenue dangereuse pour lui comme pour moi. C'est alors que me sont venus des chants d'intonation Amérindiennes ; puis une tempête de vent et de grêle s'est brusquement abattue, les portes se sont mises à claquer fort, un vacarme assourdissant s'est imposé et les chants sont devenus de plus en plus puissants.

Soudain, le cheval s'est calmé presque instantanément, ainsi que ses congénères.

J'ai compris que nous étions tous reliés au monde invisible, la peur et le stress nous avaient quittés, nous étions « alignés » avec le Tout.

Il ne me restait plus qu'à chanter !

A l'arrivée du vétérinaire, nous étions tous calmes et le cheval est «parti» en paix !

Pendant ces chants, comme une évidence, une demande de pardon s'était faite.

Je remercie pour cet instant magnifique, dont l'issue prévoyait d'être catastrophique pour lui comme pour moi, et qui s'est transformé pour se terminer dans une compréhension totale avec le monde illimité.

Avec le recul, lorsque ces chants sont arrivés, nous nous sommes élevés dans une autre dimension où le stress, la peur, l'émotionnel négatif n'existaient pas, tout avait été remplacé par la paix et l'Amour !

Je n'avais plus de solution, c'est à ce moment qu'en moi cette « force » est apparue !

Cette expérience révèle que nous détenons un potentiel inconnu de notre fonctionnement sur terre, mais que pourtant, il est bien réel.

Nous sommes vraiment accompagnés par ces mondes de l'invisible, nous devons accorder notre confiance pour que la «magie» agisse !

Quelle merveilleuse leçon, je remercie Fun de m'avoir apporté ce moment, repose en paix.

Chapitre 11: Rencontre avec le peuple des Vouivres

Une sensation douce et puissante m'enveloppe depuis quelques jours. Une énergie magnétique tel un ouragan vibratoire souffle en moi et autour de moi, c'est assez étrange et indescriptible.

Je ne sais si c'est un mélange dû à la pleine lune et à la vouivre que je ressens, en tous cas, rien ne résiste au niveau matériel : les ampoules claquent, les objets cassent, se renversent !

Une impression de vivre dans un autre monde très électrique, magnétique avec une vision particulière, claire qui ressemble à une plongée sous l'eau.

Une vouivre est là, elle attend pour communiquer avec nous, je ressens qu'il va être difficile d'écrire, tellement nos mondes sont différents.

Madame la Vouivre :

Je suis heureuse d'être entendue par vous tous, malgré nos mondes distincts.

Ma puissance vibratoire est tellement différente de la vôtre, mon milieu de vie également, qu'il m'est effectivement compliqué de m'adapter aux vibrations qui sont les vôtres.

Votre niveau matériel est faible, et de ce fait, ma présence a tendance à interférer avec votre système électrique. Ce qui se rapprocherait le plus de mon énergie et que vous connaissez dans votre monde serait la foudre, rassurez vous, je ne vous veux aucun mal, bien au contraire.

Mon nom est Séléna, je suis une ancêtre très respectée grâce à mes connaissances et ma sagesse.

Il est rare pour nous de sortir longtemps de notre milieu généralement aquatique.

Nous vivons dans les profondeurs des rivières, des lacs et des étangs.

Nous contenons des formes et énergies hautement condensées en vibration, aucun de vos mots n'existe pour expliquer notre état. Pureté, clarté, électricité, magnétisme, ondes, transparence, fluide : un mélange de tous ces mots s'en rapprocherait.

Il serait amusant d'inventer un mot : «onduloforme» me plaît bien.

Muriel :

«Onduloforme» me parle aussi, je te vois onduler comme un serpent géant, avec la transparence et la puissance de l'électricité, c'est effectivement difficile à décrire.

En même temps je ressens une douceur qui ressemble à une caresse et à la limpidité de l'eau.

Bon, nous aurons fait de notre mieux pour essayer d'expliquer cet état.

Le mieux, amis lecteurs, est d'appeler une vouivre afin de ressentir cet état très particulier: attention à vos ampoules !

Séléna :

Oui, nous sommes très chargées magnétiquement, ce qui peut interférer avec vos systèmes énergétiques. C'est la raison pour laquelle nous pouvons vous guérir de bien des maux.

Nos ondes sont si puissantes que nous agissons tels des «lasers», ce qui provoque un nettoyage de vos corps.

Pas de crainte, lorsque vous faites appel à nous, la vouivre la plus compatible à votre état se présente et travaille avec douceur.

L'idéal est de se rencontrer au bord de l'eau car certaines d'entre nous ne peuvent pas quitter longtemps le milieu aquatique, il leur est nécessaire pour se nettoyer, et se régénérer après un soin avec vous.

Nous pouvons être affectées par la différence vibratoire entre nous.

Nous adaptons le «volume» électrique à vos besoins en fonction de votre état.

Nous ondulons au travers de votre corps afin de passer dans chaque interstice qui vous compose. Nous commençons généralement par votre chakra racine et remontons jusqu'à votre chakra couronne.

Nous restons le temps nécessaire sur chaque zone, c'est pourquoi il faut souvent plusieurs soins avant de vous guérir.

Nous sommes toujours ravies de pouvoir vous aider à rééquilibrer vos différents corps et vous «ouvrir» à notre médecine.

Comme vous le voyez, j'essaie d'utiliser un vocabulaire qui se rapproche le plus possible du vôtre.

Muriel :

Merci Séléna, je sens qu'il est difficile de trouver les mots appropriés.

C'est gentil de ta part de faire autant d'effort dans tes explications.

Séléna :

J'aimerais vous parler de notre lieu de vie et de notre activité. Je profite d'être entendue.

Notre objectif est de vous ouvrir à d'autres mondes, plus ou moins éloignés du vôtre.

Votre vision s'agrandit, vous parlez d'ascension, vous acceptez donc que d'autres mondes existent sur des plans différents. Vous ne devez pas vous limiter à ce que vous voyez, continuez à élargir vos horizons, à ressentir, à écouter…

Développer votre côté créatif vous aidera également à repousser vos limites.

Un autre conseil : soyez dans le «non jugement», le jugement ralentit votre progression, il peut aussi vous rendre malade car il comporte des états négatifs tels : la colère, la frustration, la jalousie…

Revenons au peuple des vouivres.

Physiquement, nous pourrions ressembler à un grand serpent, ce qui nous convient, car nous ondulons et nous nous transformons afin de passer à travers différentes matières et de voyager entre les mondes.

Nous participons à l'équilibre magnétique des inter-planètes.

Entre chaque planète, il y a des espaces «vides» pour vous mais qui sont en fait remplis d'énergies de différentes compositions selon les lieux.

Ces espaces ont une grande importance pour ce qui concerne l'équilibre et les tensions magnétiques générées. Lorsqu'il y a un dérèglement à ce niveau, sont générées de graves conséquences que vous appelez «catastrophes naturelles».

Au pire, ce pourrait être la chute ou la collision de plusieurs planètes.

Le système cosmique deviendrait «fou». Les Vouivres avec d'autres peuples ont la lourde mission d'équilibrer les énergies magnétiques du système inter-cosmique.

Nous avons des zones à maintenir en ordre, dans des sphères différentes.

Nous passons par des portes ou portails qui se situent dans le milieu aquatique et ainsi vous pouvez nous rencontrer plus aisément.

Les rochers et les trous d'eau sont souvent des passages pour nous.

Selon nos capacités personnelles, nous sommes plus ou moins proches de votre planète terre.

Muriel :

Eh bien, cela ressemble à de la science fiction !

Séléna :

C'est en effet le bon terme : la science, c'est ce que vous connaissez et la fiction, votre futur car vous ne l'avez pas encore découvert et surtout pas éprouvé.

Pourtant ce futur existe déjà, pour nous c'est notre présent.

Nous évoluons dans l'intemporalité, sachant que le passé, le présent et le futur sont sur la même ligne de temps, nous pouvons passer et créer ce que nous voulons à chaque niveau de cette ligne.

Muriel :

J'ai déjà lu des livres à ce sujet, j'avoue ne pas avoir encore tout compris !

Tu vois Séléna, de par ma vision «limitée», pour moi les êtres de la nature vivaient dans mon jardin.

Au cours des rencontres de ce livre, je m'aperçois que vous êtes de nombreuses familles et que vous avez tous des rôles importants sur l'équilibre de la Terre et du Cosmos. Je dois revoir ma définition des «Êtres de la Nature» en fait, «Êtres du Cosmos» serait plus approprié ?

Séléna :

Vois-tu Muriel, tout est une question de vision et de croyances, il faut être vigilant et ne pas tout inscrire dans des «cases», sinon, au fur et à mesure de votre évolution et de vos découvertes ces cases devront être modifiées.

Souviens toi que tout est lié et que nous sommes tous un, nous faisons partie du grand Tout, avec un rôle bien défini pour chacun, une mission qui évolue au même rythme que chaque être.

Vous aussi en tant qu'Êtres de la Nature, votre rôle est de maintenir l'équilibre de votre planète.

Vous êtes vous demandé si vous étiez visibles ou invisibles pour d'autres peuples ?

Muriel :

Je n'avais pas imaginé cette hypothèse ! Mais c'est intéressant, pourquoi pas ?

Séléna :

Tu progresses en acceptant ce que tu ne connais pas, mais je vois que ça te «chamboule» !

Muriel :

Oui, cela donne à réfléchir, mais il faut un temps d'acceptation.

Je sais combien notre vision est limitée, et qu'il faut élargir nos croyances, j'ai bien compris qu'il faut supprimer les cases…

D'ailleurs, une petite pause s'impose pour digérer tout ceci !

Séléna :

J'aimerais aussi vous parler de la tolérance.

Il est évident que vous devez développer cette faculté, envers vous même d'abord, puis envers vos semblables et les autres peuples, vous perdez beaucoup d'énergie et de potentiel à cause de cette intolérance. Lorsque vous aurez grandi au fonds de vous, vous serez un peuple exemplaire.

Dans les planètes que je côtoie, vous êtes enviés par beaucoup car il existe chez vous un champ des possibles illimité pour votre élévation personnelle mais également en terme de groupe.

Vous n'êtes pas conscients de cette chance offerte à chacun lors de votre incarnation sur Terre.

N'oubliez jamais que vous avez choisi d'y venir pour parfaire votre évolution en tant qu'âme.

Des expériences vous sont proposées régulièrement pour que vous les surmontiez dans l'Amour.

Nous sommes souvent témoins de chaos qui pourraient être évités, si seulement vous preniez le temps de vous centrer, d'ouvrir votre cœur, d'écouter les conseils des êtres de la nature et autres guides qui vous entourent.

Sachez que vous n'êtes jamais seuls, si vos yeux ne voient pas, votre cœur lui peut entendre !

Aidez vous les uns les autres, partagez la joie d'être sur une terre magnifique, préservez là, reconstruisez ce qui a été détruit, et surtout, aimez la du plus profond de vous même.

N'oubliez jamais que l'équilibre des planètes se fait aussi à partir des vibrations que vous émettez.

Vos pensées sont des vibrations, entraînez vous à être positif, le monde ne s'en portera que mieux.

Ensuite, vous pourrez passer à un autre programme plus vaste, plus épanouissant pour vous.

Chacun de vous est libre de choisir son chemin et de régler ses épreuves dans l'Amour.

Prenez de la hauteur dans ce que vous vivez, je sais que certaines situations vous paraissent insurmontables, mais gardez confiance, tout finit par s'arranger !

Voyez-vous, dans notre monde aussi nous devons gérer des situations parfois rocambolesques et démesurées, heureusement, nous sommes tous liés et nous écoutons toujours les plus sages afin de donner le meilleur de nous.

Nous vivons pour l'équilibre de tous, et nous sommes heureuses quand vous faites appel à nous.

Muriel :

Je te remercie Séléna pour ces mots encourageants, il est bon de nous rappeler que nous sommes entourés d'Amour et de Sagesse.

Chapitre 12 : Les animaux et les Êtres de la Nature

Je suis très heureuse d'arriver à ce chapitre qui me tient particulièrement à cœur.

Mon rapport avec les animaux est passionnel depuis l'enfance.

Tout a commencé très jeune, alors que je prenais toujours leur défense, comme si je ressentais une immense injustice envers eux.

J'éprouvais déjà sans pouvoir l'expliquer, un grand manque de communication entre eux et nous, une méconnaissance profonde sur leur façon de vivre, leurs ressentis.

L'Amour qu'un animal porte à son maître n'est il pas de l'ordre de l'amour inconditionnel ?

Cela doit faire partie des raisons du nombre de personnes vivant avec des animaux de compagnie.

Heureusement les choses évoluent grâce à la communication animale qui s'étudie un peu partout.

Je pense sincèrement que mon évolution à communiquer avec les êtres et esprits de la nature aujourd'hui s'est développée car j'avais choisi de vivre en contact permanent avec eux.

Entourée de chiens, de chats et de chevaux, j'étais à bonne école.

Surtout lorsque ma carrière m'a amenée à l'équitation éthologique, j'ai compris le respect des conditions et lieux de vie de chaque animal.

En les connaissant mieux, ils m'ont appris à les respecter.

Il est impératif que nous respections absolument leur mode de vie au naturel.

Exemple : isoler un animal qui vit en meute ou en troupeau, ne peut que le mettre à mal.

Les chevaux dits « difficiles » m'ont appris à écouter au-delà des apparences, à ressentir au-delà des cinq sens, et surtout à me remettre en question.

Puis au fur et à mesure, cette communication non verbale s'est étendue à d'autres mondes dont les Êtres de la Nature.

Aujourd'hui est un grand jour, car est présent un représentant de chaque peuple de la nature.

Ensemble, ils vont nous parler de leur rôle au sein du monde animal.

Nous commençons en compagnie de Fée Morgane, qui avait « disparu » de mes radars depuis quelques temps !

Je ressens toujours cette même énergie qui vous habite Fée Morgane, une droiture implacable, une force et un allant intarissable.

Fée Morgane :

Très heureuse d'être parmi vous ce jour.

Je suis avec vous car je suis très liée aux animaux, je vous confirme que nous communiquons en permanence avec eux.

Les animaux, pour peu que nous laissions faire leur instinct, sont toujours en communication entre eux, mais aussi avec la nature, donc avec les êtres et esprits invisibles qui la composent.

Le peuple des humains s'est toujours positionné comme étant leur supérieur, à grand tort !

Le peuple des animaux est comme nous tous, il est sur Terre pour évoluer, dans l'entraide et non dans l'avilissement qui consiste notamment à les utiliser pour le plaisir ou les tuer pour assouvir quelques menus besoins.

Nous assistons aujourd'hui à une prise de conscience à leur encontre, mais beaucoup reste à faire.

En fait, votre rapport à eux est à l'image de votre société, cela se passe de commentaires !

Vous connaissez mon franc parler, sans jugement de ma part, je suis là pour vous faire prendre conscience de vos actes et de votre responsabilité envers ce monde animal.

Comme vous le savez, nous sommes tous liés, quel que soit le monde dans lequel nous évoluons.

Le peuple animal est très proche de vous énergétiquement, vous êtes très liés, par conséquent, mal traiter les animaux revient à mal vous traiter.

Je sais que vous qui lisez ce livre, vous êtes déjà à l'écoute et respectueux de ce peuple, mais éveillez votre entourage, montrez leur les atrocités dont ils sont victimes dans tous les domaines, lors d'expériences en laboratoire, dans les élevages intensifs, les transports, les abattages…

Notez que vous répétez ces mêmes horreurs, lors de vos guerres. Il est urgent que vous régliez vos conflits dans l'Amour, pour qu'enfin la Paix règne sur Terre.

Ceux qui me connaissent savent que je n'ai pas toujours eu cette ouverture, mais j'ai grandi, j'ai su évoluer, je suis entourée d'êtres emplis de bonté qui me montrent le chemin vers lequel je souhaite vous mener aujourd'hui.

Je reconnais ne pas avoir toujours été juste envers les humains, par contre les animaux et la nature ont toujours fait partie de mon «moi».

Je n'ai jamais supporté l'injustice, surtout envers ceux qui n'ont pas de défense, cela provoquait en moi de grandes colères qui peu à peu se sont transformées en Amour pour tous.

Sans chercher d'excuse à aucun acte, il est évident que lorsque nous alimentons la noirceur et la violence, le monde devient de plus en plus noir et violent.

Il suffirait que chacun fasse un pas pour se « réveiller », faire preuve de compassion, alors les batailles et les guerres pourraient disparaître au nom de l'Amour de Tous !

Vous éveiller, éveiller vos congénères, tel est votre chemin.

Je suis maintenant sur un autre plan, mais toujours en connexion avec les peuples des Êtres de la Nature qui avec les animaux effectuent un travail remarquable.

Je les laisse à présent s'exprimer, je vous souhaite une grande et belle lumière en vous.

Muriel :

Merci grande Fée d'être venue jusqu'à nous.

J'avoue que même si je travaille sur ma colère envers ceux qui maltraitent et tuent les animaux, il est encore bien difficile pour moi d'avoir des pensées positives à leur encontre !

Je respecte tellement toute forme de vie !

Euh :

Je suis de retour les amis

Maintenant que notre grande Fée a fait cette mise au point, je vais vous parler du rapport que les peuples des Êtres de la Nature entretiennent avec le monde animal.

Déjà, nous vivons tous sur le même territoire, vous compris !

Pourquoi la terre appartiendrait-elle plus aux humains, qu'aux animaux, ou aux Êtres et Esprits de la Nature ? C'est une bonne question, je crois ?

A l'origine, nous partagions tous cette même terre, et nous y vivions en harmonie. Puis certains se sentant supérieurs, les guerres de territoires ont commencé, puis les luttes de pouvoir, d'égo, d'argent, et toute cette violence a inéluctablement entraîné le chaos !

Comment des êtres peuvent s'imaginer avoir le droit de vie ou de mort sur d'autres êtres ?

Inévitablement, chacun devra un jour répondre de ses actes...

En fait, nous, peuple des lutins, sommes très proches des animaux et nous les aidons de notre mieux dans leur quotidien.

Pour les animaux vivants dans la nature, c'est facile pour nous car nous partageons le même espace.

Par contre, lorsque les animaux sont enfermés, entrer en contact avec eux s'avère plus compliqué.

Les lieux bas énergétiquement nous empêchent l'accès, l'animal « mort » dans ses yeux, dans son cœur, dans son instinct nous interdit toute communication.

L'animal n'est plus présent en ce monde, il a déjà quitté son corps !

Pour nous, le peuple animal est primordial dans l'équilibre de la nature, et d'ailleurs il s'en sortait très bien sans vous.

Les Êtres de la Nature en général, et nous en tant que peuple des Lutins, nous considérons que le peuple animal est essentiel dans l'équilibre des lieux. Une des missions des animaux est d'aider les humains à évoluer et notamment à vous apprendre la communication non verbale.

Je sais combien il peut vous être difficile de l'admettre, mais ce n'est que vérité : en aucun cas l'animal est inférieur à l'homme.

Ce constat étant fait, voyons ce que nous les amis lutins peuvent leur apporter.

Nous appliquons les mêmes modes de guérison, dont nous avons fait part précédemment, aux hommes et aux animaux.

Nous les aidons dans le maintient de l'équilibre énergétique qui leur est propre, nous pansons leurs plaies physiques et émotionnelles qui affectent leurs différents corps.

Très souvent, les animaux nous ressentent et nous perçoivent énergétiquement. Plus ils sont dans des conditions de vie respectant leur état d'être, plus ils nous perçoivent.

C'est identique avec les arbres, le vent, la pluie, le soleil…

En fait, comme vous, plus ils sont « humanisés » et loin de la nature, moins ils sont réceptifs à nos vibrations, alors que plus ils sont proches de la nature et de leurs instincts, plus ils sont près de nous.

Je suis, sur ce sujet, le porte-parole de tous les peuples de la nature. Chaque peuple avec ses spécificités, communique et agit avec les animaux pour répondre à leurs besoins.

Pour résumer, sachez aimer le peuple des animaux pour ce qu'il est, non pour ce que vous souhaiteriez qu'il soit.

N'oubliez pas que vous les aimez souvent pour leur «Amour inconditionnel», faites de même en retour, c'est le plus beau cadeau à leur offrir.

Tissaïa :

Merci Euh, ce sujet me tient particulièrement à cœur car je suis intimement persuadée qu'en tant qu'humains, nous ne savons pas aimer de cet amour inconditionnel, nous attendons toujours un retour. Je pense que c'est le vrai problème en ce qui nous concerne.

Pour les animaux, nous souhaitons un comportement qui nous arrange mais qui les « humanise » et de ce fait perturbe malheureusement leur santé et leur équilibre.

J'entends différents peuples des animaux qui souhaitent communiquer avec nous, même si ce n'est pas le sujet du livre, je ne peux pas faire comme s'ils étaient absents, j'accepte donc d'être canal pour leurs messages !

Le porte parole du peuple des animaux se présente :

Maître Saint François d'Assise :

Grand respect à chacun de vous.

Personne ne m'attendait, pas même Muriel que je remercie pour son cœur ouvert sur les conditions du peuple animal.

Voyez vous chers enfants, lorsque les oiseaux ne chanteront plus, l'heure sera grave pour tous, y compris pour vous ! Ce moment n'est pas encore venu, et de là-haut, nous faisons tout pour que cela n'arrive jamais.

Ouvrez vous à chaque animal, qu'il soit sauvage en totale liberté, animal de compagnie, animaux d'élevage ou de laboratoire, ou encore animaux de cirque, d'aquarium, de loisirs, pour la promenade, le sport, faites preuve d'empathie et vous saurez comment agir.

Reconnaissez que vous êtes tous des êtres vivants, et refusez de creuser toujours plus grand ce fossé qui vous éloigne.

Élevez vous en reconnaissant et en acceptant les différences de comportements et de modes de vie de chacun, prenez conscience que lorsque vous sortez les animaux de leur milieu naturel, vous en devenez responsables, non seulement du point de vue physique, mais également d'un point de vue émotionnel et spirituel.

Le peuple animal est venu aussi pour évoluer, tout comme vous, sachez qu'en rabaissant les animaux, en les utilisant contre leur grès, vous vous rabaissez également !

Réfléchissez bien avant d'agir envers le peuple animal.

Considérez les comme vos frères, écoutez les, ils ont tant à vous apprendre, ré-apprendre ce que vous êtes, d'où vous venez, où vous allez !

Sans donner de leçon, chacun d'entre vous en conscience, écoutez, écoutez avec votre cœur.

Inspirez, recevez tout mon Amour ainsi que celui du peuple animal.

Tissaïa :

Wouah, un grand merci à vous Maître St François, quelle belle surprise de vous recevoir !

Effectivement, je ne m'y attendais pas, c'est extraordinaire et à la fois, en venant vers nous, vous nous montrez qu'au delà de nos mondes, il n'y a pas de frontière, nous sommes tous reliés par nos cœurs et par nos pensées.

St François d'Assise :

C'est exact, chaque acte, chaque pensée sont inscrits !

Tissaïa :

Dans les anales akashiques, ce grand livre des mémoires ?

St François d'Assise :

Un espace qui permet de se connaître, de panser nos blessures dans la bienveillance.

Tissaïa :

Je suis si émue par votre présence, votre grandeur, votre calme, votre Amour.

Je ressens un partage au-delà des mots, dans mes cellules, mes mémoires, comme si je vous avais déjà rencontré !

St François d'Assise :

Nos rencontres ont eu lieu à plusieurs reprises, c'est une des raisons pour laquelle la cause animale fait partie de toi.

C'est aussi une des missions que ton âme a choisie par cette incarnation.

Muriel:

J'avoue me sentir bien impuissante face à l'ampleur de la tâche !

St François d'Assise :

Tout vient à qui sait attendre !

La patience est encore une vertu que tu dois approfondir…

Garde confiance, continue à prier et à voir le nouveau monde qui arrive !

Muriel :

Pour le monde animal également ?

St François d'Assise :

N'êtes vous pas liés ?

Muriel :

Oui, bien sûr.

Je viens de lire cette phrase : « la compassion génère la compréhension »

St François d'Assise :

La compassion oui, pas la tristesse.

Je vois combien les situations multiples animalières te rendent triste et parfois en colère !

C'est encore un travail que tu dois améliorer !

Comme nous tous, les animaux ont besoin de joie et d'Amour, c'est ce que tu dois t'employer à leur envoyer !

Avant de te laisser avec le peuple de la nature, un conseil pour vous tous.

Lorsque vous rencontrez une situation difficile à vos yeux, quelle qu'elle soit et quel que soit le domaine concerné, c'est une blessure qui n'est pas cicatrisée en vous.

Pardonnez vous, pardonnez aux autres et envoyez beaucoup d'Amour à cette situation.

L'Amour est le plus grand guérisseur, appliquez le sans mesure, cela vous permettra de vous élever vers un monde meilleur.

Vous créez ce monde à partir de vos pensées, soyez acteurs de vos vies.

Voilà mes chers êtres de lumière, je vous enveloppe d'Amour ainsi que votre Terre.

Muriel :

Il est tellement agréable de flotter dans vos énergies d'Amour, à nous d'y rester le plus longtemps possible et de savoir y revenir malgré les difficultés du quotidien.

Immense gratitude à vous Maître d'être venu jusqu'à nous, plein d'Amour !

Euh :

Moi non plus, je ne m'attendais pas à une telle visite !

Quelle leçon, tu vois nous ne sommes pas seuls, nous ne nous battons pas contre des moulins à vent. Nous sommes nombreux et des « plus-hauts » à servir la cause animale, cela fait du bien de le savoir !

Une chose sûre, plus il y aura d'Hommes qui nous aideront, plus nous avancerons vite, c'est urgent pour tous ces animaux en souffrance !

Pour être un peu dans le positif, comme savent l'être les lutins, il nous arrive de jouer avec les animaux, de leur faire des blagues.

Par exemple, lorsque les chiens de chasse traquent un animal, on peut brouiller leur flair et les faire tourner en rond.

Ou encore, lorsqu'un cavalier se promène sans être à l'écoute de son cheval, nous surgissons, ce qui étonne le cheval et secoue le cavalier.

Nous rigolons bien parfois !

Voilà, je laisse la place aux fées qui ont aussi leur mot à dire.

Isia :

Ah enfin ce n'est pas trop tôt !

Vous me reconnaissez avec mon impatience !

Pour vous dire que nous, les petites fées, nous aidons les animaux dans le besoin, principalement ceux qui se trouvent dans la nature, ou ceux qui habitent dans des maisons où l'on peut entrer sans que ce soit trop risqué pour nous.

Nous leur apportons joie et légèreté, un peu comme s'ils retrouvaient leur liberté.

Beaucoup d'animaux sont seuls de longs moments à attendre, ils s'ennuient, alors nous les amusons. Nous leur apportons toujours la joie, comme pour vous.

Généralement, les animaux nous voient, ce qui facilite les rencontres, ils nous connaissent bien.

Jamais ils ne nous ont oubliés, nous sommes toujours restés proches, liés.

Ils sont nos confidents et réciproquement.

Nous échangeons beaucoup ensemble, sur tous les sujets.

Nous adorons ce travail avec eux, je devrais plutôt dire ce jeu !

Muriel :

Je vois, tout est jeu pour toi, c'est génial de prendre la vie du bon côté !

Isia :

C'est ce que je n'arrête pas de dire à tous, amusez vous, sinon allez chercher ailleurs !

Bon, vous me comprenez ! Je vous laisse, le devoir m'appelle...

A bientôt !

Muriel :

Je l'espère, amuse toi bien.

Il est vrai, combien il est agréable d'être optimiste !

Nos journées sont plus agréables et notre santé ne s'en porte que mieux !

Je vous propose une pause afin d'envoyer du centre de votre cœur, beaucoup de lumière et d'Amour au peuple animal.

Vous trouverez en fin de livre, quelques méditations du Cercle des Fées, certaines concernent le monde animal.

Chapitre 13: Rencontre avec le peuple des Licornes

Ce jour, je suis surprise par la visite des licornes, mais j'en suis très heureuse et impatiente d'écouter leur message.

Les licornes : nous sommes aussi très heureuses de pouvoir communiquer avec toi, que nos messages soient entendus par vous tous.

Mon nom est Elora, je suis une licorne arc en ciel, il existe plusieurs familles de licornes de tailles et pouvoirs différents. Nous sommes complémentaires et nous agissons souvent ensemble pour mener à bien nos missions.

Muriel :

Enchantée Elora, merci d'être là, avec nous.

Ton nom te va bien, tu as la couleur or, comme couverte de poudre de fée.

Tu es resplendissante, très lumineuse.

J'entends rire Elora, un rire pur, cristallin.

Elora :

Je ris de bonheur car en parlant de fée, tu as raison ! Nous sommes très liées.

Vois-tu, ma marraine est une grande fée qui m'a transmis des pouvoirs dont celui de guérison.

Connais-tu les vertus de la poudre de fée ? Elles sont magiques !

Je peux te nommer Tissaïa, celle qui accepte de faire le lien entre les mondes !

Tissaïa :

Bien sûr, c'est une part de moi.

J'ai eu la chance de voir cette poudre d'or en forêt de Brocéliande, alors que je m'y promenais, s'échappant d'un arbre; juste devant moi, m'est apparue cette poudre magique.

Mon cœur s'est ouvert, j'ai remercié de vivre cet instant, je n'en croyais pas mes yeux.

Je me suis sentie «bénie» par le ciel !

Puis rapidement, je me suis souvenu que tout est possible !

Elora :

Vois-tu, souvent dans le peuple des licornes notre marraine est une grande fée.

C'est elle qui nous guide, nous enseigne, nous transmet les connaissances qui nous serons nécessaires en fonction du rôle que nous aurons à jouer.

Je préfère employer le mot jouer que celui de travailler, car c'est toujours remplie de joie et de bonheur que j'honore mes missions.

Tissaïa :

Quel genre de mission ont les licornes ?

Elora :

Tout d'abord, vous devez savoir qui nous sommes et d'où nous venons.

Vous pouvez nous considérer comme des êtres des Cieux car nous nous déplaçons non en volant comme les oiseaux, mais plutôt comme si nous étions sur «coussin d'air» !

C'est l'image la plus appropriée que j'ai trouvée.

Nous voyageons très vite, et avons la capacité de passer d'un monde à l'autre avec aisance. Peut-être diriez-vous traverser les «voiles» ?

Nous aimons beaucoup la façon dont vous nous représentez.

Nous sommes faites d'énergies et aimons particulièrement prendre la forme d'une jument avec une corne sur le 3ème œil. Mais à la différence de vos chevaux, nous nous déplaçons par les airs et à la vitesse de la lumière, voire parfois plus vite.

Notre corne est en quelque sorte notre «radar», c'est ce que vous nommez l'intuition.

Nous suivons toujours notre intuition, sans quoi nous serions en danger.

Cette corne nous permet d'être en relation avec les mondes extérieurs, d'entendre, de ressentir l'équilibre des «portes», des passages entre les mondes si vous préférez.

Tissaïa :

Je souhaiterais te parler de l'énergie que je ressens à vos côtés.

C'est un peu déstabilisant car elle est d'une très grande douceur, très enveloppante et en même temps je perçois une volonté et une détermination incroyable dans votre énergie.

J'avoue qu'elle est difficile à canaliser pour moi, d'ailleurs je dors difficilement depuis plusieurs nuits, tellement cette énergie est puissante.

Elora:

Désolée pour les nuits !

Effectivement, nous sommes avec toi depuis quelques jours, et quelques nuits…

Nous ancrons en toi les mémoires et connaissances que tu as intuitivement de nous.

Nous nous connaissons déjà, c'est pour cette raison que tu peux nous ressentir et nous entendre, de même que les autres peuples de la nature.

Il y a fort longtemps, nous partagions les mêmes «paysages», les mêmes lieux.

Te souviens-tu des cascades où nous nous reposions en compagnie des fées et des êtres de l'eau, des géants qui gardaient les grottes, les dragons qui traversaient le ciel en croisant des Phoenix et autres oiseaux géants de toutes les couleurs, les arbres majestueux en compagnie d'êtres de la terre qui chantaient à tue tête, les fleurs aux parfums enivrants… que nous étions bien dans ce monde magique et enchanté !

Tissaïa :

Oui, petit à petit, la mémoire me revient.

Je me souviens de ces paysages et de la douceur de vivre, entourés de tous nos amis magiques. Par contre je ne me souviens absolument pas de moi : qui j'étais, sous quelle forme, comment j'évoluais…

J'ai juste une vision d'ensemble de cette vie, un ressenti très agréable et une certaine nostalgie, car rien de comparable sur notre terre !

Elora :

Tout ceci est normal, tu as déjà beaucoup de chance grâce à ton évolution d'avoir recouvré une partie de ta «mémoire». C'est grâce à ces vies communes que nous pouvons communiquer aujourd'hui, les connaissances sont déjà inscrites en toi.

Tissaïa :

Je suis émue de t'entendre me parler de cette «vie» avec vous, je crois avoir toujours été triste de cette séparation, intuitivement, bien avant que je le sache !

Si je comprends bien, tu nous expliques qu'en chacun de nous, il y a des acquis cachés, et que c'est à nous de les retrouver et d'en faire bon usage.

Elora :

C'est un peu ça, en plus complexe !

En fonction des choix faits pour votre évolution, il pourra être nécessaire de retrouver certaines connaissances mais pas toujours, parfois non !

Chacun de vous doit avancer libre, sur son propre chemin, mais avec un but ultime et commun à tous, s'élever vers la lumière.

Nous sommes uniques dans nos parcours, c'est pourquoi on ne peut jamais «se mettre à la place» d'un autre être, et cela quel que soit le monde dans lequel nous évoluons.

Si je peux me permettre un conseil : passez du temps en silence avec vous même, vous découvrirez qui vous êtes, vous saurez donc prendre les meilleures décisions pour vous sans vous «torturer».

Écoutez au plus profond de vous, vous aurez toujours raison.

Il n'y a que vous qui sachiez vraiment ce qui est bon pour vous !

Ceci ne vous empêche pas de demander de l'aide, à vos guides, à vos anges gardiens, aux Êtres et Esprits de la Nature, ou tout autre avatar de votre choix... N'hésitez pas, car pour être aidé, il faut demander !

Un point essentiel, aimez-vous, vivez dans l'Amour, c'est la clé de la guérison.

Tissaïa :

Pas toujours facile !

Et pour vous le peuple des licornes, comment se passe votre vie ?

Elora :

Tout en Amour, avec beaucoup de détermination comme tu l'as ressenti dans nos énergies !

Un de nos points forts est la vitesse d'action qui nous anime, lorsqu'une décision est prise, elle est réalisée immédiatement avec force et foi. Nous ne doutons jamais, notre être entier sait lorsque la décision est parfaite, ce mode de fonctionnement est acquis à jamais.

Dans les mondes où nous évoluons, ce «travail» est fait, mais il reste encore beaucoup de choses à réaliser pour poursuivre notre évolution !

Tissaïa :

Comme quoi par exemple ?

Elora :

Comme tous les êtres et esprits de la nature, nous œuvrons pour le grand Tout et l'équilibre entre les mondes. Chaque décision est transparente aux yeux de tous, aucun secret pour personne, c'est dans notre nature, normal. Nous réglons les difficultés dans la Lumière.

Un jour, vous arriverez aussi dans ces dimensions où tout est simple.

En réalisant nos missions, nous approchons de plus en plus des mondes célestes, les maîtres qui y vivent nous donnent des enseignements incroyables, cela nous donne l'envie de toujours nous dépasser pour le meilleur.

Vois-tu pour nous, le plus important est de vivre dans la paix et l'Amour pour tous.

A chacun de nos passages, nous semons de la poudre d'étoile, elle est magique et doit être utilisée avec parcimonie. Elle arrive du plus haut, elle très puissante, chargée de Lumière et d'Amour.

Tissaïa :

Question basique, pourquoi n'en inondez vous pas notre planète pour qu'enfin nous puissions vivre en paix, dans l'abondance, la joie et l'Amour bien sûr ?

Elora :

Vois-tu Tissaïa, ce serait notre rêve à tous, mais le bonheur doit venir de l'intérieur de chacun de vous, vous ne le trouverez pas à l'extérieur, ou alors furtivement !

C'est seulement lorsque l'être est prêt, sur la bonne voie, qu'il peut ressentir la poudre d'étoile et s'enrichir de tout ce qu'elle contient. Évidemment, il n'est pas uniquement question là du plan financier, mais du fait que chacun doit s'élever personnellement, se connaître, s'instruire, mais aussi grandir en aidant son prochain…

Lorsque sur votre Terre, la lumière inondera chacun de vous, vous serez à nouveau dans cet Amour inconditionnel, il existe, vous le portez en vous.

Tissaïa :

En attendant, il n'est pas facile de s'éveiller et d'éveiller ses semblables !

Elora :

Je sais, les énergies dans lesquelles vous vivez sont denses et lourdes.

Gardez courage, foi et confiance dans les épreuves que vous traversez, vous savez qu'elles vous font avancer, dans la façon même de les résoudre.

Vous pouvez nous appeler, nous viendrons alléger vos cœurs, vous aider dans vos choix, participer à la guérison de vos corps de matière, et ceux de votre aura.

Tissaïa :

Et comment vous y prenez-vous ?

Elora :

Avec beaucoup de bonne humeur, d'Amour, de Lumière, le tout saupoudré d'un soupçon de poudre d'étoile !

Tissaïa:

En fait, comme toujours, pour nous c'est magique vu de notre système, mais tellement normal pour vous !

Elora :

Oui, viens je t'emmène dans mon monde ! Accroche-toi, c'est parti !

Tissaïa :

Je ferme les yeux, me centre sur mon troisième œil, respire profondément, je me laisse emmener par Elora.

Vitesse, magie, lumière et couleurs sont optimisées.

Nous survolons la terre, je vois les mers, les forêts, les montagnes, puis cette image s'efface, la terre apparaît planète au milieu de rien, où d'autres planètes de toutes dimensions évoluent.

Nous virevoltons, de haut en bas, de bas en haut, en tous sens, cela ressemble à une danse accompagnée de musiques angéliques, soudain entraînantes, puis classiques; danses et musiques se transforment selon les lieux traversés.

J'ai l'impression d'être dans une course dont le jeu serait de passer le maximum de portes en un temps record.

La tête me tourne un peu, sûrement l'ivresse de toutes ces sensations, de ces couleurs, vibrations et chants qui s'enchaînent.

Les portes ont la forme d'arc en ciel, toutes de tailles différentes, de luminosité et d'intensité particulières, quel spectacle !

D'autres formes évoluent autour de nous, mais nous allons tellement vite que je n'arrive pas à les distinguer.

Depuis le début de ce voyage, je suis émotionnellement emplie de bonheur, de paix, lesquels s'intensifient avec le temps.

Elora ralentit, nous approchons de brumes roses et violettes, nous les traversons, quelle douceur, quel émerveillement !

Je ne me souviens pas avoir déjà ressenti cela.

Elora me fait comprendre par télépathie, que je ne suis jamais venue dans ce monde.

Il est placé très haut dans la lumière et seuls certains êtres très purs énergétiquement peuvent y accéder.

Un être de lumière s'approche de nous, son aura est également rose et violette, je me sens toute petite à côté, voire minuscule !

La brume autour de l'être de lumière s'agrandit, elle m'enveloppe à présent.

A ce moment, je me sens grandir, ma vision devient transparente, limpide, je peux voir si loin, qu'en me concentrant sur la terre, elle m'apparaît recouverte d'un manteau lumineux. Je me retourne, chaque être que je croise est un miracle de lumière, de bonté et de sagesse. La sensation d'être un avec le tout, tout est simple, paisible, incroyable.

Alors que nous nous déplaçons comme sur un coussin d'air, nous approchons d'un groupe, je comprends que ce sont des Maîtres, assis en cercle.

Tous sont vêtus d'une aura mais de couleurs différentes.

Pour certains prédomine le blanc, pour d'autres le bleu, ou le rose, le jaune, l'or, le violet, tous ont une intensité telle qu'il n'y a pas de début ni de fin dans la grandeur du rayonnement.

Le Maître qui m'a pris dans son aura m'explique, toujours par télépathie, que les Maîtres se réunissent lorsque c'est nécessaire afin d'accorder la densité des flammes pour réaliser un équilibre parfait entre tous les rayons.

Ces réunions servent également à informer les autres lieux qui travaillent à l'équilibre des flammes, afin que chacun puisse maintenir ainsi l'équilibre des planètes et du cosmos.

Elora intervient discrètement, me précisant que c'est dans ces endroits que les licornes viennent se recharger à la lumière des flammes, afin de diffuser ensuite cette lumière dans les lieux qui en ont besoin.

Ces lumières sont guérisseuses pour tous les êtres vivants sur terre, elles ont un pouvoir supérieur et essentiel pour qui le désire vraiment.

Nous nous éloignons du groupe, je me sens sortir de l'aura du Maître qui me sourit avec bienveillance.

Elora me fait signe de la suivre et nous prenons le chemin du retour !

Sincèrement, je resterais bien ici plus longtemps, peut-être plus tard ? Qui sait ?

Des paysages grandioses et incroyables défilent à nouveau autour de nous, puis je me sens revenir dans mon corps et dans la pièce, un peu «ailleurs» tout de même !

Elora :

Je te laisse reprendre tes esprits, c'est le cas de le dire avec tout ce que nous avons traversé.

Tu as vu un petit espace de la vie des licornes, et notamment à quoi ressemble le lieu où nous allons régulièrement.

Tissaïa :

Merci infiniment pour ce voyage, je pense qu'il «travaille» encore en moi !

Je mesure combien il faut être évolué pour accéder à ces lieux et pouvoir y vivre.

Elora rit de son rire cristallin et enchanteur !

Elora :

Nous avons toutes nos fonctions et nous devons toujours être en accord au mieux avec les vibrations et les énergies complémentaires à l'équilibre du Tout.

L'évolution de chacun n'est pas une course, c'est simplement la recherche d'être soi, cet être divin qui brille en chacun de nous, quelle que soit notre apparence.

Lors de vos méditations, avant votre sommeil, demandez à vous rendre dans ces lieux, vous y serez toujours bien accueillis, et cela vous procurera le plus grand bien.

Tissaïa :

Je te suis extrêmement reconnaissante de m'avoir emmenée dans ce magnifique voyage ; j'en ai encore tellement plein les yeux, plein le cœur !

Elora :

Ce voyage ne représente qu'une petite partie des lieux très élevés qui existent !

Tissaïa :

Ce lieu avec ces grands Maîtres, cette paix, cette sérénité, ces couleurs, m'a fait pensé aux flammes sacrées !

Elora :

Tu as raison, ce sont ces flammes merveilleuses qui maintiennent l'équilibre depuis la nuit des temps.

Ces flammes ont chacune des «gardiens», et en fonction de l'équilibre ou du déséquilibre de chaque planète, des directives sont données et distribuées aux Êtres de la Nature afin de restaurer le maintien vibratoire de chaque endroit.

Tissaïa : Un merveilleux cadeau que tu nous as fait, aux lecteurs, à moi même également.

Elora :

Le peuple des licornes est un messager de ces flammes, nous servons de liens entre les mondes, un peu comme toi!

Tissaïa :

Je fais de mon mieux, ce n'est pas toujours évident !

Tu vois Elora, à certains moments, j'ai plus de mal à me mettre à écrire qu'à d'autres.

Je m'aperçois que plus les mondes vibratoires sont élevés, plus je dois lâcher certaines choses et «m'aligner» avec moi même pour avoir la force physique de recevoir les transmissions.

Elora :

Il est vrai que c'est physiquement fatiguant pour un être humain d'entrer dans ces dimensions, c'est une des raisons pour laquelle, vous ne pouvez vous approcher trop vite de la «Lumière», vos corps ne supporteraient pas.

Les étapes sur le chemin sont importantes, essentielles pour vous élever vers la Lumière, mais chacun à son rythme, vous y arriverez.

Tissaïa. :

À certains moments, on se sent prêts à franchir des étapes, alors qu'à d'autres, c'est l'inverse, on se retranche sur soi même.

Elora :

Ne t'inquiète pas, cela fait partie du «processus», aucune inquiétude à avoir, juste garder confiance en soi, sachez que vous êtes aidés, quels que soient vos guides, vos anges gardiens, quel que soit le nom que vous leur donnez, ils sont là pour vous accompagner à chacun de vos pas, n'hésitez pas à les solliciter.

Tissaïa :

Cela fait du bien de l'entendre, merci pour ces merveilleux messages.

Elora :

Je te laisse pour le moment, mais sache que je ne suis jamais loin.

Tissaïa :

J'ai le sentiment d'être enveloppée dans une brume aux couleurs multiples, un vrai cocon dans lequel j'aurais tellement plaisir à rester !

Il me faut revenir sur terre, ma place est encore ici et maintenant !

Chapitre 14: Rencontre avec Le Phoenix

Cette nuit, le Phoenix m'est apparu pour la première fois.

Ses énergies sont à l'inverse du repos de la nuit, elles vous donnent plutôt envie de vous lever et de commencer votre journée !

Le voici, je le laisse s'exprimer.

En effet, il est rare que j'intervienne, mais ce livre est une opportunité pour mieux se connaître.

Vous pouvez me nommer Flamme, vous allez comprendre pourquoi !

Comme l'a dit Muriel, je n'apporte pas le repos, je peux déplacer « des montagnes ».

Je suis assimilé aux oiseaux, mais mon énergie est de feu, je suis un guerrier dans l'âme.

Lorsque vous dites « le phœnix renaîtra de ses cendres », c'est une belle image.

Si le travail me demande de faire table rase, s'ensuit inévitablement le renouveau, un peu comme le printemps chez vous, après l'hiver.

Vous conviendrez que mon temps est précieux car de nombreuses missions incombent au peuple des Phoenix et nous sommes peu nombreux.

Il me plaît de passer un moment en votre compagnie, c'est si rare, votre planète étant en train d'ascensionner, nous serons désormais plus proches.

Habituellement, je n'ai que très peu de rapports avec les Êtres de la Nature qui résident vers ou dans votre dimension. Ils me connaissent bien sûr, et il arrive même parfois qu'ils fassent appel à moi dans des situations très graves qui mettent en péril votre planète.

Nous protégeons certains peuples, tel celui des Licornes, et certains lieux qui ont une importance capitale pour l'harmonie de la terre et d'autres territoires. Conséquence bien sûr au fait qu'il y a toujours quelques opposants qui préfèrent le pouvoir à la Paix et à l'Amour !

Pour ce qui vous concerne en tant qu'Humains, nous sommes à présent habilités à vous aider, mais sur une fonction bien particulière qui évoluera avec le temps, au même rythme que les transformations s'opéreront en vous.

Nous sommes des messagers de l'express, nos nombreuses plumes colorées portent les couleurs de l'arc en ciel, donc toutes les énergies de l'univers. Grâce à elles, nous pouvons passer partout et gérer les situations en fonction de l'énergie à rétablir et alors adapter la couleur à employer.

Nous connaissons la mythologie écrite sur nous. Mais à présent, compte tenu de votre évolution, des étapes franchies, vous pouvez à certaines conditions communiquer avec nous.

Nous pouvons vous aider en tant qu'intermédiaires des mondes, nous pouvons transmettre vos messages, et vous faire découvrir d'autres planètes, d'autres peuples.

Tout ce qui peut favoriser votre ouverture d'esprit et votre élévation nous est permis ; le but premier étant l'élévation de votre peuple, vous faire revenir au berceau de la création par l'Amour dans lequel vous êtes nés.

Nous sommes au seul service des âmes prêtes à évoluer pour le bien de tous les règnes et auprès de celles qui souhaitent un monde meilleur. Vous avez trop souffert dans la séparation du Tout et du plus grand, à présent pour vous, c'est le bon moment de traverser les « étages » multidimensionnels.

Muriel :

Merci Flamme, c'est un honneur d'entendre tes paroles, j'ai l'impression que tu nous connais bien, que tu sais les épreuves endurées par notre peuple, mais aussi que tu as connaissance qu'un grand nombre d'âmes s'élèvent aujourd'hui.

Je ressens très fortement les vibrations que tu portes, c'est un vrai feu d'artifice !

Flamme :

Oui, avec moi, c'est l'énergie assurée !

Si vous faites appel à mon peuple, élevez vos vibrations afin de ne pas être gênés par les dimensions plus basses, ce sera beaucoup plus confortable pour vous !

Vous pouvez également nous appeler avant de vous endormir et nous vous guiderons vers les contrées initiatiques les plus appropriées. Vous vous réveillerez alors en pleine forme avec une énergie débordante.

Sachez seulement ne pas nous appeler pour rien, ni simplement parce que vous êtes en colère :

Feu et feu ne font pas bon ménage et cela risque d'être plutôt inconfortable pour vous.

Muriel :

Tu me fais penser à la vibration du dragon de feu ! Il est vrai que lorsque nous faisons appel à vous, il vaut mieux être calmes avec nous-mêmes et notre entourage !

Peux-tu nous emmener en voyage ?

Flamme :

Oui très bien !

Prenez d'abord le temps de vous relaxer, de bien respirer, d'ouvrir votre cœur en grand, vous pouvez faire appel au rayon rose jusqu'à ce qu'il vous enveloppe, que vous le respiriez.

Une fois apaisé : hop c'est parti !

Montez sur mon beau plumage multicolore et laissez vous guider, ouvrez grands vos yeux et imprégnez vous des magnifiques paysages que nous traversons, écoutez les musiques de l'Univers jouées pour notre passage.

Je me retrouve propulsée au creux des plumes du Phoenix, c'est une merveilleuse sensation de légèreté et de liberté qui m'envahit.

Je m'y sens en sécurité, mon corps éthérique épouse parfaitement celui de Flamme.

Une fois habituée à mon nouveau mode de transport, je regarde devant moi, une gigantesque montagne aux cimes enneigées apparaît, des oiseaux d'une envergure démesurée tournoient au-dessus, ils s'écartent afin de nous laisser passer, et soudain les couleurs changent, elles deviennent bleues, tel un épais nuage, nous le traversons et nous dirigeons vers une large cheminée placée au sommet d'une des montagnes.

Flamme pique vers le bas, tout en restant horizontal dans son corps, c'est assez étrange, un peu comme un ascenseur, puis il s'amuse à faire des zigzags.

Tout autour de nous, de plus en plus de couleurs, toutes aussi merveilleuses les unes que les autres, d'autres phœnix sont venus nous escorter jusqu'à l'entrée d'une porte qui ressemble à une grotte. Nous nous approchons lentement, le passage est exigu, des lumières en forme de cristaux de toutes tailles nous montrent le chemin, c'est admirable de sentir que nous faisons partie de la montagne, des cristaux, de l'air et des chants qui nous accompagnent.

Nous arrivons dans une grande salle voûtée, une cascade coule au fond, la végétation est dense, des êtres se déplacent avec grâce, leurs déplacements sont si harmonieux qu'ils semblent aériens.

Devant mon étonnement, un être s'approche de moi et m'invite à le rejoindre.

Je suis très surprise, mon corps est si léger, en fait je me déplace comme les êtres qui s'y trouvent. Ils sont tous très lumineux avec des nuances colorées différentes, il y a des femmes et des hommes. Je m'installe à leur côté sur un mobilier si transparent qu'on croirait de la glace, il est apparu comme par magie, nous sommes une douzaine disposés en cercle.

Devant moi, sur la roche polie, des images apparaissent, comme au cinéma ; je vois défiler des paysages, des villes, des cités où certains êtres nous ressemblent mais peuvent aussi être totalement différents physiquement.

Certains sont très grands, ils me font penser à des géants, d'autres plus petits, mais leurs corps sont tous parfaits. Il y a également des enfants qui respirent la santé, le calme et la joie.

Je les vois se déplacer avec des véhicules silencieux, aux lignes épurées, à une vitesse incroyable. Tous les bâtiments de cette cité sont installés dans des parcs aux arbres gigantesques, aux fleurs élégantes, aux formes et aux couleurs multiples, des animaux et des personnes s'y promènent en liberté et heureux, chacun vit sa vie, tous autonomes.

C'est extraordinaire, je peux voir l'aura de chacun, personne, animal, arbre, ou autres plantes. Ces auras ont toutes la même couleur avec seulement une nuance différente pour chacune.

Une ville où tout paraît tellement harmonieux entre les êtres, la nature, les animaux, je sens un respect profond en chaque personne, tous respirent la gratitude.

Il y a un grand bâtiment magnifiquement sculpté devant moi ; je suis invitée à y pénétrer.

Plusieurs salles circulaires aux teintes différentes sont disposées autour d'un jardin composé d'arbres fruitiers lourds de fruits magnifiques, d'un étang avec de grandes herbes, de bancs et de tables en pierre placés autour.

Des groupes d'enfants sont réunis dans différents endroits, certains étudient le chant, d'autres la nature, les animaux, les plantes, le ciel… les enfants semblent attentifs à l'enseignement de leur professeur.

J'ai appris par la suite que les enfants choisissent la salle ou les lieux extérieurs en fonction de la matière qu'ils souhaitent étudier. Puis lorsqu'ils ont suivi chaque enseignement, ils optent pour un autre lieu dans la ville afin de se spécialiser dans ce qui les intéresse plus particulièrement.

Ils peuvent bifurquer à leur guise, enrichir leurs connaissances aussi longtemps que nécessaire. Leur mission dépendra de leurs capacités, mais aussi de leurs affinités, ils pourront changer autant de fois souhaité sans que cela soit pris pour de l'instabilité ; en effet, dans cette cité sont favorisés les connaissances et l'épanouissement de chaque personne.

Puis, sur la « toile » se trouve une campagne à couper le souffle ! Je n'ai jamais vu une nature aussi verdoyante, dense, harmonieuse, composée de rivières, de lacs immenses, de collines où se côtoie une multitude d'animaux sans aucun signe d'agressivité, aucune menace entre eux ! Que ce soient des lions, des chevaux, des éléphants, des singes, des reptiles, des moutons, des chèvres, des poules ou autres insectes de toutes tailles… et même des animaux disparus de notre terre, tous vivent ensemble et en accord, chacun est à sa place dans cette incroyable nature !

Les oiseaux s'imposent avec leurs parures multicolores, leurs magnifiques chants retentissent dans une partition unique.

Incroyable, les êtres de la nature courent, volent, grimpent aux arbres sans aucune retenue, libre de se montrer, de pouvoir participer en toute quiétude à cette majestueuse nature !

Les parfums émanant des fleurs sont exceptionnels…

Je vis un rêve éveillé !

Les images s'effacent et je me retrouve dans cette pièce en compagnie de mes nouveaux amis, je reste sans voix de tout ce que je viens de voir, quelle découverte !

Ce lieu, cette planète où tout est Amour existe vraiment, quel merveilleux message plein d'espoir pour nous tous, nous est adressé !

Mes hôtes m'expliquent qu'effectivement, il existe un nombre infini de lieux, de planètes ou partie de terre où vivent de nombreux peuples dans ces dimensions supérieures à la nôtre.

Ils m'expliquent que nous pourrons y accéder, peut-être bientôt sachant que notre planète Terre est en cours d'ascension. Pour cela, il manque encore de l'Amour et du désintéressement de la part de nombreux Êtres Humains.

Si ces êtres ne changent pas rapidement, il y aura une scission et la séparation de ces personnes avec la Terre sera inéluctable. De fait, comme la Terre évolue, ceux qui s'accrochent à de fausses valeurs ne pourront plus vivre dans cette nouvelle dimension plus élevée et ils devront poursuivre leur évolution sur une autre planète où règnent les énergies de pouvoir et d'égo, jusqu'à ce qu'ils comprennent leur moi Divin.

Ceux qui souhaitent continuer à évoluer dans des vibrations supérieures sont les bienvenus et nous les encourageons à se libérer rapidement de ce qui les retient dans la matière, telles leurs peurs, leurs fausses croyances, et à vivre dans l'Amour Universel et dans le respect de la Terre et de leur corps.

Tu viens de voir une cité où chacun respecte l'autre, personne ne se mange, ne s'entre-tue, mais qui mangerait ses frères ?...

Les auras que tu vois autour de nous représentent la pureté de nos sentiments et de nos émotions. Dans ces dimensions nous y parvenons purs et bienveillants envers le grand tout, chacun s'est éveillé au moi divin.

Muriel :

Mon cœur est tellement ouvert, l'Amour en moi est tellement grand envers le Tout, que je souhaite de tout mon être, qu'ensemble sur notre belle Mère Terre, nous puissions réussir à ascensionner et vivre comme je viens de vivre cette inoubliable expérience.

Je savais qu'il existait un monde plus grand, empli de joie, de légèreté, de bonheur…

A présent, je comprends qu'il est temps pour moi de repartir avec Flamme vers notre Terre, pleine de ce nouvel espoir. C'est évidemment à regret que je remercie et quitte mes amis mais avec tant d'Amour et de gratitude !

Flamme me ramène doucement vers mon corps, je ressens une pointe de nostalgie d'avoir quitté ce monde d'Amour. Nous venons tous de ces dimensions élevées, nos cellules reconnaissent ces espaces, j'espère de tout mon être, que tous ensemble, nous y retournerons au plus vite !

Flamme :

Tu vois, reprends espoir ainsi que ton peuple, vous savez que des mondes meilleurs existent, accrochez vous, faites le nécessaire pour que le plus grand nombre s'élève !

Vous venez souvent vous ressourcer dans ces vibrations pendant votre sommeil, vous pouvez également créer des espaces lors de vos phases de veille et venir nous retrouver.

Vos guides et moi même pouvons vous faciliter le « voyage » !

Reposez vous, reconnectez-vous à la nature et ouvrez grand votre cœur !

Voici les mots de la fin pour cette rencontre !

Muriel :

Un immense merci Flamme, je comprends combien tu as à faire, il est impératif que nous aussi nous avancions et fassions notre part au plus vite !

A bientôt peuple des Phoenix !

Chapitre 15 : Rencontre avec le peuple des Salamandres

Il y a quelques jours, une énergie particulière m'est apparue : le peuple des Salamandres !

J'ai eu l'occasion de les rencontrer deux fois physiquement, dont une fois dans la forêt de Brocéliande lors d'un stage.

Je les remercie d'être ici, je sens une présence très sage, ancrée et féminine.

Bonjour à tous et toutes, je suis issue du peuple des Salamandres, vous pouvez me nommer Sowila.

Sowila est le féminin de Sowilo, soleil ; le peuple des Salamandres appartient aux êtres du feu.

Nous sommes ancestrales et connaissons bien la sagesse du monde et de votre peuple Humain.

Nous étions là, bien avant votre naissance, notre existence a vécu nombre d'événements tant positifs que négatifs.

Nous avons connu l'époque des dinosaures, des dragons, et également celui des licornes.

Nous étions déjà sur la Terre à l'époque où la mer était une partie majeure du globe, nous avons suivi ses transformations ainsi que celles des animaux et plus tard l'apparition du peuple à deux jambes, les Humains !

Les périodes se sont enchaînées, je devrais dire déchaînées depuis votre apparition. Avant, tout suivait un cours agréable, chacun progressait. Nous avions régulièrement la visite d'êtres de plusieurs autres planètes, ceux que vous appelez les extra-terrestres, nous échangions sur l'évolution et l'entraide de chacun de nos peuples, y compris avec les minéraux, les végétaux et les animaux.

A cette époque, aucune âme d'aucun règne n'aurait fait de mal à une autre, nous ne connaissions pas les notions d'inférieur et de supérieur entre nous ; depuis votre arrivée, nous sommes toutes obligées de nous cacher afin de ne pas être détruites, mangées ou finir en expérience de laboratoire.

Notre savoir fait beaucoup d'envieux, nous avons traversé tous les éons de la planète Terre depuis son origine ; notre longévité, voire notre immortalité, génèrent beaucoup de questionnements !

Bien avant, nous étions déjà sur les anciens continents qui ont sombré, puis nous sommes arrivées sur notre nouvelle Mère, nommée Terre ou Gaïa.

Depuis tout ce temps, nous avons archivé les mémoires de la planète, mais aussi de chacun de vous, nous ne sommes pas seules à faire ce travail ! Ces archives sont en lieu sûr, chacun de vous peut y accéder, vous les nommez également mémoires akashiques.

Celles ci se trouvent dans un espace où chacun peut se rendre accompagné d'un guide nommé pour ce travail, le peuple des Salamandres en fait partie.

Cet espace ressemble à une immense bibliothèque où chaque sujet est ordonné et classé.

Pour connaître ce qui vous intéresse, sur l'histoire, la géographie, les changements climatiques, les autres planètes ou vous même, vous pouvez y venir. Cependant, il y a tant d'espaces et de dossiers que votre demande doit être précise afin de trouver le bon endroit.

Beaucoup de sentinelles sont gardiennes de ces dossiers, elles sont là également pour vous aider à parvenir aux connaissances souhaitées. L'accès est ouvert à tous !

Tissaïa :

C'est tellement passionnant et illimité, c'est incroyable !

Dans notre monde physique, nous pouvons remonter à certaines connaissances issues de la mémoire des hommes, dans les livres, à présent sur internet, mais celles-ci restent limitées, alors que ces annales akashiques semblent illimitées sur tous les sujets possibles et inimaginables, depuis la nuit des temps...

Nous n'aurions sûrement pas assez d'une vie pour tout connaître, par contre, il me paraît extraordinaire de pouvoir consulter de manière intangible cette immense bibliothèque de toutes les mémoires ! Pourrais-tu nous y emmener ?

Sowila :

Oui, sans aucun problème !

Mais avant, je souhaiterais vous parler de notre peuple des Salamandres, es-tu d'accord ?

Tissaïa :

Bien sûr avec grand plaisir, je souhaite aussi mieux vous connaître et savoir comment vous rendre hommage !

Sowila :

Comme je le disais précédemment, nous sommes considérées comme faisant partie du monde des êtres du feu.

Nous vivons dans le royaume de la terre et plus particulièrement dans les forêts.

Curieusement, nous aimons les milieux humides mais seulement si nous pouvons nous relier au feu du soleil pour nous énergiser et à notre planète d'origine !

Nous sommes des êtres très sages grâce aux siècles et aux événements que nous avons traversés.

Au cours du temps, nous avons appris à nous adapter aux différents changements, tant physiques que spirituels. Nous sommes des gardiennes, celles du feu et des mémoires anciennes.

Nous portons en nous la sagesse, la stabilité, le calme, la connaissance, nous avons appris à canaliser le feu qui est en nous, à nous en servir à bon escient et pour les causes honorables !

Si nous sommes parmi vous aujourd'hui, c'est pour partager notre savoir, nous sommes de bons conseils, nous avons toujours été amies avec votre peuple. Nous cultivons le respect, l'humilité, la tolérance, le non jugement. Cela ne signifie pas que nous sommes d'accord avec tout. Lorsque nous sommes en désaccord sur un sujet concernant par exemple la santé de la planète, nous nous réunissons afin de trouver le meilleur compromis pour tous et les actions à mettre en place.

Nous communiquons souvent par télépathie et nous nous déplaçons avec nos corps en cas de besoin.

Nous n'utilisons ceux-ci que rarement, essentiellement lors de grandes réunions très lointaines.

Nous vivons avec les Êtres de la Nature, nous nous aidons mutuellement, nous communiquons sans cesse avec la Terre, elle nous transmet son «bulletin» de santé et nous renseigne sur ce que nous pourrions mettre en place pour l'aider.

La co-création entre les peuples est essentielle ; c'est pourquoi, nous souhaitons à nouveau être entendues par vous et travailler à nouveau ensemble !

Qui sait mieux que la terre ce dont elle a besoin, sachez l'écouter, soyez nombreux, de plus en plus à ouvrir votre cœur, votre espace divin. Et alors, vous pourrez vous reconnecter à cette Terre d'Amour que vous avez quittée et qui manque si cruellement à chacun, jusque dans ses cellules.

La tache n'est pas simple, mais ne renoncez pas, entraînez avec vous dans cette danse tous vos semblables, votre rayonnement agira avec magie, croyez en vous, nous nous croyons en vous !

J'entends une question dans ta tête, je vais y répondre !

Tu te demandes pourquoi nous sommes venues en tant qu'Êtres de la Nature, alors que nous sommes encore quelquefois dans un corps visible ?

Voilà, il y a quelques temps, nous avons failli disparaître de la Terre faute d'évoluer dans des dimensions trop basses pour nous. Cependant, après maintes discussions avec les grands Maîtres, nous avons compris qu'avec l'aide de tous, les habitants de la Terre permettraient son ascension à court ou moyen terme; nous avons alors décidé de rester pour vous soutenir dans cette démarche.

Nous sommes heureuses de constater aujourd'hui que nous avons eu raison !

Le travail n'est pas achevé, mais largement entamé et en cours…

Pour vous rassurer, je peux vous affirmer que les espèces animales ou végétales qui ont disparu de votre planète, notamment pour des raisons de pollution ou d'extermination, ont migré vers d'autres mondes plus accueillants où elles peuvent continuer à s'épanouir.

Il est important de noter qu'à chaque disparition d'espèces, quel que soit son règne, l'Homme se programme une vie de plus en plus difficile, voire impossible sur Terre.

Personne ne meurt jamais pour l'Univers, la personne est juste déplacée vers un lieu plus adéquat à son évolution, c'est pourquoi il ne faut jamais baisser les bras, mais rayonner de tout votre être car c'est vous et vous seuls qui détenez les clés de ce qui va se passer maintenant et dans l'avenir.

Tissaïa :

C'est bien la télépathie ! Vivement ce «nouveau» monde !

Sowila :

Garde confiance, il arrive !

Allez, à présent, partons vers la grande bibliothèque, suis-moi !

Je ferme les yeux et me laisse conduire par Sowila.

Wahou ! C'est gigantesque, le lieu de l'infini…

Nous arrivons devant ce qui ressemble à un magnifique «palais», où un gardien s'entretient par télépathie avec Sowila. Pendant ce temps, j'observe autour de moi, des dizaines et des dizaines, sûrement des milliers d'espaces de toutes formes et de toute beauté, qui sont autant de bibliothèques. Tout est grandiose, je flotte dans une vibration de bienveillance et d'Amour. Le calme et la Paix se ressentent partout, je suis impatiente d'entrer !

Justement Sowila se rapproche de moi et me montre un lieu qui vient de s'illuminer, sa lumière est plutôt bleutée, magnifique !

Évidemment, je suis Sowila, nous croisons d'autres âmes que nous saluons et pénétrons à l'intérieur de ce palais de cristal bleu, nous nous posons confortablement autour d'une table et attendons.

Une musique angélique s'élève, je me laisse porter et vois arriver sur la table, ce qui ressemble à un parchemin éthérique, il se déroule et fait apparaître une immense carte géographique. Cette carte est «vivante», à chaque fois que je porte mon attention sur un endroit, je le vois s'animer. Des informations sur ce lieu entrent en moi, j'appartiens à ce lieu, à l'époque de la carte.

En ce moment, je suis sur un océan, plutôt à l'intérieur, je fais partie de la mer. Je parcours ces immenses étendues d'eau bordées de falaises si grandes, ce pourrait être des montagnes. Ce sont des montagnes, je vois de la neige à leurs sommets, le paysage est extraordinairement beau, il y a de gros animaux sur la terre, une végétation luxuriante, des oiseaux incroyablement grands, je comprends que c'est la Terre à une époque très reculée.

Il n'y a aucune habitation visible, cette Terre ressemble au paradis, vierge, immaculé, la nature est d'une beauté incroyable.

Je ressors de la mer, la carte en forme de parchemin s'enroule et va retrouver sa place au milieu de milliers d'autres presque invisibles. C'est assez compliqué à expliquer, je ressens plus que je ne vois, des milliers de parchemins bien rangés !

Sowila me regarde, ses yeux me sourient, je dois avoir une tête incroyable, quelle expérience !

Sowila me confirme que je viens de voir la Terre à ses origines, avec sa très grande proportion de mers et d'océans.

Elle me demande, toujours sans parler, de penser à une époque sur Terre. Ce que je fais immédiatement et sans tarder, un autre parchemin arrive sur la table. La topographie n'a plus rien à voir avec l'autre carte. Je me retrouve comme un oiseau, survolant les paysages.

La mer a reculé, elle a laissé place à des villes, de grandes cheminées fument par endroit, je ne peux rien voir tellement le brouillard est épais. J'entends des sons qui me transpercent les oreilles, mon cœur bat de plus en plus vite, mon nez me pique, rien de très agréable pour l'instant, j'ai hâte de changer de lieu.

Ce qui arrive enfin, je me retrouve au dessus d'une forêt géante où l'air est pur, les oiseaux chantent, les singes jouent les acrobates. Les maisons sont de petites huttes sans porte ni fenêtre, juste un mur rond où repose un toit en chaume. C'est paisible ici, les habitants doivent y être bien !

Mon voyage reprend, je passe à nouveau au dessus des mers où le trafic est dense, puis je m'approche d'une montagne. A priori, elle semble inaccessible à pied comme en voiture.

Tout baigne dans une magnifique couleur, je me sens apaisée, tous mes sens sont en éveil.

Des chants montent vers moi, m'attirent, je suis aspirée à l'intérieur de cette montagne, et là, immense surprise : des hommes et des femmes chantent des louanges, ils sont porteurs d'une aura lumineuse. Tout est simple et beau. Les pièces sont creusées dans la falaise, les murs font partie d'elle, la lumière est naturelle, le parfum des fleurs se répand, tout a le parfum de l'Amour et de la liberté. Où que se pose mon regard, tout est lumineux et paraît faire partie de la montagne.

Je salue cet endroit sacré ainsi que les personnes qui s'y trouvent, puis je me retrouve assise devant la table, aux côtés de Sowila, le parchemin disparaît, il retourne à sa place invisible !

Sowila me confirme que le premier parchemin représentait la Terre vierge de tout humain, que le deuxième montrait l'état de notre planète actuellement. Elle affirme que les lieux très pollués sont voués à disparaître, tous les endroits où la Terre souffre depuis trop longtemps vont être profondément nettoyés, certains resteront sur la carte, d'autres non ! La Terre est comme nous, elle a besoin de guérir, et seul l'Amour peut la sauver !

Sowila :

Oui, la Terre souffre depuis trop longtemps de l'irrespect total de l'Homme à son encontre.

C'est pourquoi aujourd'hui, elle ne peut plus être malade, elle doit guérir et vous avec !

Les déforestations à outrance détruisent le sol et ses habitants. La Terre est creuse, elle renferme des plaques tectoniques qui restent reliées entre elles notamment grâce aux arbres. Leurs racines forment le «ciment» entre la base et le dessus de la Terre, celle où vous vivez, celle qui vous nourrit.

Il est heureux de constater que certains pays ont commencé le reboisement, car ceci atténuera les effets secondaires des pays moins raisonnables !

De nombreuses bonnes actions sont programmées actuellement dans et pour votre monde, faites en partie, vous serez sauvés au même titre que les êtres des autres règnes.

Tissaïa :

Je regarde Sowila en me demandant pourquoi je suis un être humain, j'ai tellement honte parfois face aux comportements de mes «frères» !

Comment expliquer aux animaux, aux arbres, aux Êtres de la Nature, à notre Mère Terre, que, appartenant au même peuple nous puissions être si différents ?

Je reconnais que beaucoup d'entre nous s'éveillent, ce qui me rassure, je souhaiterais vivement me réveiller un matin et que tous les êtres humains brillent de leur lumière intérieure !

Sowila :

Garde confiance, là est l'essentiel ! Envoyez tous de l'Amour et de la Lumière, c'est votre ordonnance journalière.

Beaucoup d'êtres de Lumière descendent vous aider actuellement, parce qu'ils croient en vous, comme nous, le peuple des Salamandres.

Souvenez vous du lieu où le Phoenix vous a mené, vous vivrez ainsi à votre tour très prochainement…

A très bientôt...

Tissaïa :

Merci, il y a tellement d'Amour et d'espoir dans tes paroles, merci encore !

Sowila :

A présent que tu as vu la bibliothèque Universelle, tu peux y revenir si tu le souhaites, ainsi que chacun de vous, à votre convenance, dans le respect de nos règles.

Un guide sera toujours là pour vous accompagner et vous installer à la bonne «table».

Demandez à y accéder lors de vos méditations, ou avant de vous endormir, vous serez les bienvenus et vous aurez ainsi l'accès à ce qui s'est passé, se passe et même ce qui se passera !

Maintenant, je te ramène chez toi, tu as encore de nombreuses choses à y faire…

Nous vous aimons, nous Salamandre, gardiennes de la Terre !

Tissaïa :

Gratitude infinie Sowila, à toi et à ton peuple, il est bon de vous savoir à nos côtés !...

Méditations du Cercle des Fées :

Ces canalisations sont initiées par les Grandes Fées : Morgane, Viviane, Fée des quatre Vents, puis transmises par Tissaïa.

A la demande des fées, voici quelques méditations du Cercle des Fées : les sujets étant toujours d'actualité, vous pouvez méditer sur ces textes : Que le meilleur Soit !

Si vous souhaitez en savoir d'avantage : Rendez-vous sur le site :

www.lesmondesdetissaia.com

<u>Le peuple de la mer :</u>

Beaucoup d'entre vous vivent une «tempête» émotionnelle, physique.

Votre corps ne demande qu'à lâcher d'anciennes mémoires qui vous bloquent dans cette vie.

Essayez de ne pas lutter, de donner l'autorisation de libérer ces anciens schémas de pensées, de fonctionnement.

Si vous saviez ce que c'est d'être un Être libre, en Paix, vous le feriez immédiatement.

Votre liberté d'être, de penser, personne ne peux vous l'enlever, sauf vous !

Rapprochez vous de Mère Nature, des personnes avec qui vous vous sentez bien, de tout ce qui vous fait évoluer dans votre vision du Monde.

Tout se passe à partir de votre cœur.

Unifiez vous : votre corps, votre cœur, votre « mental ».

Accordez vous tel un instrument de musique afin de vibrer de belles mélodies.

Pour vous aider, le peuple de la Mer vous accompagne pour cette méditation.

Après avoir pris quelques respirations profondes, ouvert votre cœur à l'Amour, imaginez vous sur une plage.

Visualisez vous entrant dans l'eau en toute conscience.

Vous ressentez les vagues qui viennent jouer avec vous, le contact de l'eau sur votre peau.

Savourez cet instant !

Au loin, vous entendez un dauphin, il vous invite à le suivre.

Vos deux cœurs, vos deux corps sont à l'unisson, vous fusionnez avec lui.

Il vous emmène en voyage au travers des Océans.

Vous vous sentez en Paix, vous êtes bien, léger, votre corps physique ne vous pèse plus.

 Au cours de ce voyage, vous rencontrez de nombreuses espèces sous-marines, toutes vous laissent un message, vous insufflent de l'Amour.

Vous ne faites qu'un avec ce monde.

Vous rencontrez également les esprits de l'eau, les Nymphes, les Ondins, les Ondines, les Sirènes et tout ce monde Merveilleux.

Tous vous inondent de Paix, de Joie, d'Amour.

Lorsque vous reviendrez de l'autre côté, dans l'autre dimension, la dimension physique, ces peuples vous demandent de distribuer aux Océans, aux mondes qui les habitent, tout cet Amour et cette Joie.

Ils vous demandent également de ne pas contribuer à la désertification, aux « tueries » du peuple des Océans en consommant sans conscience leur chair.

Tous vous aiment en leur conscience.

Lorsque vous êtes prêt, vous remerciez le dauphin qui vous a accompagné, vous revenez sur la plage.

Nous les Grandes Fées, vous remercions de partager votre Amour, de participer à ce « nouveau Monde ».

<u>La joie, le bonheur, la lumière :</u>

Voyez ce qui est beau autour de vous et en vous.

Laissez jaillir votre Être.

Soyez, agissez avec votre cœur.

Être vous même, c'est cela qui vous est demandé.

Votre âme est venue le cœur léger, la Lumière coule en vous depuis toujours.

Cette Lumière, retrouvez là, laissez la s'exprimer : elle est vous, vous êtes elle !

Pour vous aider dans cette méditation, les « petites » Fées vous entourent.

Centrez vous sur votre cœur, ouvrez le en grand afin de ressentir l'air, la légèreté, le bonheur autour de vous.

Emplissez-vous de cette magnifique énergie que vous offrent les Fées.

Suivez-les dans un voyage autour de votre Terre.

Imaginez avoir une baguette, distribuez de la poudre d'or à tous, à tous les éléments, à tous les règnes.

Ensemencez la planète de cette joie, de ce bonheur, de cette gaieté.

Gardez cet état tout au long de vos journées, nourrissez vous de cette vibration, laissez là s'exprimer.

Nous vous aimons.

Le peuple de l'eau :

Encore un peu de difficulté afin que la Lumière se stabilise autour de vous.

Grâce à vous, d'importants changements ont eu lieu, vont avoir lieu.

Ne relâchez pas vos efforts, gardez confiance.

Chacun, chacune d'entre vous a un rôle important afin d'apporter l'harmonie sur Terre.

Restez en conscience, en confiance malgré certaines épreuves que vous vivez.

Relevez la tête vers la Lumière, rapprochez vous de ce qui est Beau.

Partagez votre Joie, votre Paix, votre Amour à vous même, à votre entourage, à Tous. Pour cette méditation, centrez-vous sur le rôle de l'eau.

Le grand travail de sauvegarde de la Vie, les grands nettoyages qu'elle produit sur votre planète.

Les Êtres de l'eau travaillent à harmoniser les cours d'eau, à dévier les rivières, à calmer les ardeurs des torrents.

Apportez-leur tout votre Amour, afin de les soutenir dans leur labeur.

Approchez vous des cours d'eau, écoutez leurs histoires, entendez les chanter pour vous.

Partagez avec tous les océans, les rivières, les fleuves votre gaieté.

Laissez-vous partir en voyage au creux de leurs flots.

Rencontrez les poissons, les végétaux, les algues, tout ce monde qui est aussi le vôtre.

Nous vous remercions, nous vous aimons.

Gaïa :

Nous les Grandes Fées, sommes heureuses de vous retrouver toujours plus nombreux (ses) dans ce voyage sur votre terre Gaïa.

Comme vous le savez, Gaïa est une Terre d'expériences, vos expériences.

Nous vous accompagnons, ainsi que bien d'autres « guides », à vous libérer de la séparation avec le Tout.

La tolérance, la compassion, le non jugement, les retrouvailles avec votre âme qui vous guide sur votre chemin, l'Amour de vous et des autres, sont ce que vous êtes venus expérimenter.

Vous avez déjà connu ceci, tout est inscrit dans vos cellules.

Votre chère Terre Mère souhaite partager ce moment de reliance avec vous.

Installez vous confortablement, faites le calme intérieur,

Vous êtes bien, dans la paix, à l'intérieur de votre temple, votre corps physique.

Respirez profondément, détendez chaque partie de votre corps.

Faites grandir l'Amour en vous afin d'ouvrir votre cœur.

Vous sentez cette belle énergie vous bercer, vous entourer.

Gaïa vous invite à survoler son corps, ses reliefs, ses montagnes, ses rivières, mers, plaines, volcans, entrer dans ses entrailles...

Voyez sa beauté, ressentez son Amour pour vous.

Elle est votre Mère, vous êtes ses enfants.

Elle est là pour vous nourrir, vous protéger, vous héberger.

Rendez lui grâce, remerciez la de tous les cadeaux qu'elle vous fait, offrez lui tout votre Amour.

Parlez lui, demandez lui pardon des souffrances que vous lui infligez?

Dites lui que vous comprenez ses colères, son langage afin de nous dire STOP : ne continuez pas ainsi, vous me faites souffrir.

Communiquez, communiez à partir de votre cœur avec elle.

Malgré tout cela, la Terre vous aime, son Amour est sans conditions, aucune.

Elle peut reprendre ses droits, elle peut vivre, respirer sans vous.

A chaque instant, elle vous montre ce que c'est de vivre dans le respect de chacun, elle vous montre aussi lorsque vous allez « trop loin ».

La Déesse que vous nommez Gaïa est heureuse lorsque vous chantez pour elle, elle vous remercie pour vos offrandes, votre Amour.

Le peuple des dauphins :

Nous souhaitons que vous alliez bien, pour vous, pour les autres sur cette Terre, pour le cosmos.
Nous sentons que votre alignement porte ses fruits.

La Lumière gagne sur beaucoup de plans.

Vous êtes aidés par les Maîtres, les guides.

Nous souhaitons vous parler de votre intuition.
Votre intuition est valable, lorsqu'elle est guidée par votre cœur.
Vos décisions doivent être prises à partir d'une vibration élevée de votre corps.

C'est à ce moment là que tout est juste pour vous, pour tous.
Nous attirons votre attention sur le fait d'être vous même, sinon, d'autres énergies, entités, peuvent vous faire croire que ce sont vos décisions, alors que ce sont les leurs.

Soyez dans la Lumière à chaque instant, vous ne risquez rien.
Soyez Lumière et Joie.

Pour vous aider, vous allez vous relier à l'esprit des Dauphins.
Respirez profondément, reliez vous à votre espace sacré, au niveau de votre cœur.

Laissez vous envahir par les lumières Roses et Blanches, respirez les, ressentez les.

Fermez les yeux, entendez le chant de la mer, laissez vous bercer.
Le peuple des Dauphins arrive à votre rencontre, vous sentez la joie qu'ils vous apportent.

Ils vous emmènent dans un voyage au travers des Océans.
Vous rencontrez d'autres peuples de la mer, mondes tangibles et intangibles.

Vous êtes transporté de bonheur, de joie, votre corps danse avec la mer, avec les dauphins.
Restez le temps que vous souhaitez avec eux, communiquer avec eux, écoutez leurs messages, pour vous, votre planète.

Le plus beau cadeau que vous puissiez leur faire, est de partager cette joie qu'ils vous transmettent.

De vous reliez à eux, à leurs énergies le plus souvent possible, afin de renforcer nos liens, d'échanger leurs énergies entre la mer et la terre, entre les différents règnes.

Leurs énergies sont porteuses de Paix, d'Amour, de Joies.
Elles contribuent à travers vous à votre guérison, ainsi qu'à la guérison de la Terre, de ses habitants.

Les dauphins vous remercient de transmettre, de porter et partager leurs vibrations.

Le peuple des abeilles :

Nous voyons ce que vous faites, vous vous ouvrez au Tout, d'une façon extraordinaire.
Nous remarquons les changements sur vous même, l'attention que vous portez à votre entourage.

Soyez heureux de vivre cette période sur votre Terre, vous êtes venus initier ces changements.

Ne vous découragez pas, soyez vous même, laissez votre divinité s'exprimer, vivre.
De cette façon, les décisions que vous prendrez seront toujours juste pour vous.

Nous vous aidons à renforcer ce lien avec vous même, demandez nous de l'aide, à vos guides et Êtres de Lumières qui vous entourent, nous vous accompagnons.
Vivez dans des vibrations d'Amour, vous nous sentirez près de vous, à chaque instant de vos journées.

Pour cette méditation commune, le peuple des abeilles souhaiterait communiquer avec vous.
Nous les laissons guider ce moment.

Vous êtes nos frères, nous vivons avec vous et pour vous.
Nous vous demandons d'être dans la joie, d'être l'Amour, pour nous et tout ce qui vit sur notre Terre.

Nous vous montrons l'exemple de vie, de travail, de respect ensemble.
Nous sommes organisées dans une harmonie parfaite afin de maintenir la vibration la plus élevée dans nos ruches.
Chacune de nous a sa place, il n'y a pas de petit et de grand.

Nous respectons et faisons notre travail dans l'Amour, jusqu'à notre dernier souffle.

Nous fabriquons le miel afin que chacune de nous soit en santé.
Nous savons que vous vous nourrissez de notre or.
Nous en sommes très heureuses, souhaitons que vous vous délectiez en conscience, conscience de l'Amour que cette nourriture contient.
Respirez profondément le nectar de chaque fleur que nous butinons.
Élevez vos vibrations afin de venir avec nous, au travers des prairies et des champs de fleurs.

Nous vous emmenons découvrir, ressentir notre vie, chaque battement d'aile, chaque pollen que nous inspirons.

Laissez-vous aller au travers de cette promenade en notre compagnie.
Nous survolons Mère Nature, nous nous arrêtons à chaque fleur qui nous demande de venir.
Les fées, le vent, nous guident, nous accompagnent dans le choix de la nourriture, le déplacement des semences que nous effectuons.

Nous sommes la Joie, la danse, nous nous laissons amener en confiance vers notre destinée.

Sentez, goûtez ces arômes subtils et différents que les fleurs nous offrent.

Quelquefois, il arrive que les fleurs soient empoisonnées, elles nous affaiblissent, nous font passer de l'autre côté.
Nous subissons la rupture d'une alliance avec vous, nous ne vous en voulons pas.
Lorsque nous mourrons, lorsque nous sommes empoisonnées, nous vous montrons que vous faites de même avec vous.

Malgré vos erreurs, lorsque vous arrosez la nature de poisons qui nous tuent, nous gardons notre Amour pour vous, nous souhaitons de tout notre être que vous preniez conscience de votre empoisonnement également.

Vous pouvez nous aider en respectant la Terre ainsi que toutes les vies, les énergies qui s'y trouvent.

Protégez vous, protégez nous en stoppant les poisons que vous envoyez à notre Mère Nature.

Soyez dans l'Amour et la Joie afin de nous aider dans notre rôle de maintien, d'équilibre de nous tous.

Nous, le peuple des abeilles vous souhaitons la réunification entre nos peuples.

Recevez, baignez dans les Rayons d'or que nous vous envoyons.

Les grandes Fées remercient le peuple des abeilles et vous demandent d'envelopper Mère Nature de la couleur violette, afin de la protéger de la nuisance des empoisonnements répétés à son encontre.

Prenez conscience de vos actes envers Mère Nature, de l'abondance qu'elle vous donne.

Le peuple des fées :

Les Fées, êtres de l'air, travaillent en ces temps à purifier l'air de la planète Terre.

En effet, beaucoup de particules nocives sont entrées en contact avec l'élément Air que vous respirez et dont vous vous nourrissez à chacune de vos respirations.

Bien sûr cela impacte également la vie de tout être vivant sur notre chère Terre Gaïa.

Tous les êtres de la nature sont d'une extrême vigilance afin de purifier à nouveau chaque partie de votre Terre.

Merci de les soutenir dans vos intentions les plus pures à partir de votre cœur.

Le peuple des éléphants :

Pour cette méditation, l'appel du peuple des éléphants est très fort !

Ils sont victimes actuellement, surtout en Afrique, de tueries massives, au nom de l'argent et du pouvoir politique.
Ils sont l'objet, chaque jour, de massacres abominables afin de récupérer l'ivoire et la transporter dans des pays « riches ».

Nous vous demandons de vous unir afin de les protéger.

Ils n'ont pas encore fini de transmettre leurs mémoires sur votre Terre.

Leur disparition totale aujourd'hui serait un déséquilibre gigantesque pour votre planète.

Descendez au plus profond de vos cœurs, laissez venir en vous cet Amour infini.

Visualisez l'Afrique, faites descendre le rayon violet et le rayon rose sur ce continent, afin que tous soient dans l'Amour de leur prochain.
Entourez d'une bulle violette de protection chaque éléphant afin qu'il soit en sécurité, qu'il se sente soutenu, baigné dans la Lumière.

Nous vous remercions de vous Unir dans ces pensées d'Amour et de Joies collectives qui aident fortement à rétablir l'équilibre terrestre.
Nous vous entourons de tout notre Amour.

Conclusion :

Nous voici arrivés à la fin des rencontres et enseignements avec nos amis.

Les trois grandes Fées du Cercle des Fées ; Fée Morgane, Fée Viviane et la Fée des quatre Vents me font l'honneur de rédiger la conclusion de ce livre.

J'en suis très heureuse, je leur laisse la place !

Salutations à vous tous chers amis, nous sommes très heureuses de conclure pour vous ces quelques écrits.

Nous souhaitons vous confirmer que tout est en constante évolution.

Au début de la création du Cercle des Fées, il manquait sur votre Terre cruellement d'énergie féminine, depuis, petit à petit, en partie grâce à vous, ces énergies se rééquilibrent, ce qui nous amène une Terre qui se nettoie afin de renaître avec vous et d'ascensionner ensemble.

Les deux énergies, masculine et féminine doivent s'équilibrer afin de former l'égrégore de l'Amour !

Les Êtres de la Nature vous tendent à nouveau la main, ce qui doit vous conforter dans votre ascension ; la confiance et le partage sont des clés irremplaçables pour votre avenir.

Ne baissez pas les bras malgré ce que vous pouvez voir et entendre auprès de vous, continuez à vous éveiller, à méditer, à être lumière pour tous.

Écoutez ces êtres qui sont de bon conseil, pour vous, les animaux et votre nature.

Vous qui avez un corps physique, vous pouvez leur rendre la tâche plus facile.

Ouvrez grand votre cœur, soyez prêts à « grandir » grâce à leurs pouvoirs de guérison, co-créez ensemble, devenez partenaire, quel beau cadeau à vous faire et à la Terre Mère.

Vous êtes de très bons coéquipiers, il en ressortira de la joie et beaucoup d'Amour pour vous tous, vos jardins seront magnifiques, vos potagers abondants, votre eau limpide.

Votre mission commune est la bonne santé de votre Terre, cela passe par votre illumination.

Chacun des peuples présents dans ce livre vous a délivré des clés, à chacun de vous de les mettre en pratique, gardez confiance.

Aujourd'hui, vous avez atteint un seuil exceptionnel d'êtres qui s'éveillent, continuez le chemin grâce à votre incarnation dans cette époque cruciale.

Merlin se joint à nous pour vous dire que vous êtes tous capables d'être des alchimistes de la vie, de votre vie.

Vos amis d'autres dimensions vous souhaitent un chemin empli de fleurs, de Lumières, de joies et d'Amour !

Remerciements : Messages de guérisons avec les Êtres de la Nature

Un grand merci à mes ancêtres pour mon incarnation sur Terre à cette période clé du grand changement, à l'amour qu'ils ont donné à leurs enfants.

Merci à mes enfants de savoir respecter mon chemin, merci pour leur compréhension et leur amour.

Grand merci à mes guides et à mes anges gardiens qui veillent sur moi, qui me font prendre le bon chemin lorsque je suis à leur écoute.

Merci à Mère Nature qui est la plus belle «salle de classe», aux lieux où les rencontres entre les mondes sont souvent inattendues !

Gratitude aux animaux, notamment aux chevaux, chiens et chats qui ont partagé ma vie et m'ont permis de m'ouvrir aux canalisations actuelles.

Immense gratitude à tous les Êtres de la Nature qui ont participé à la réalisation de ce livre et notamment merci à Languth et sa famille pour être venus me chercher et pour m'avoir encouragée à l'écrire.

Merci à ce lieu créatif et enchanteur propice à l'écriture, merci à ses propriétaires de m'avoir accordé leur confiance et d'être toujours présents lorsque j'ai un besoin.

Merci à Mâ (tambour), Kalimba et Mystic Dream, mes instruments de musique sacrée qui me permettent de lier les mondes et les esprits.

Merci à Nathalie, Isabelle et Ariane pour la correction de ce livre.

Merci à Hélène pour la création du site internet et sa patience « d'Ange ».

Merci à mes amis pour leur soutien dans ma nouvelle Vie.

Gratitude envers toutes les belles rencontres des différents mondes qui me permettent d'être moi, et m'ont permis de mettre à jour ce livre.

Merci à tous les stagiaires avec lesquels j'ai partagé des moments inoubliables pour notre évolution : des chevaux aux Êtres de la Nature, en passant par bien d'autres canalisations !…

Nombreux restent de vrais amis à ce jour.

Merci à vous, amis lecteurs d'ouvrir votre cœur à nos amis les Êtres de la Nature.

Ce livre a pu s'écrire grâce à la co-création de tous, amis et la grande famille de l'Univers.

Gratitude infinie.